ISLER / DAS MEMORIAL

D1667816

Ursula Isler

DAS MEMORIAL

*Roman aus dem Ende des
18. Jahrhunderts*

Verlag Th. Gut & Co., 8712 Stäfa

2. Auflage 1994

Copyright© by Th. Gut & Co. Verlag, 8712 Stäfa
Umschlag: Hannes Binder, Zürich
Druck: Zürichsee Druckereien AG, 8712 Stäfa
ISBN 3-85717-093-X

FÜR WERNER

Inhaltsverzeichnis

Prolog

Der Mann, der im Dämmerlicht zu schreiben aufhörte, war sechsundzwanzig Jahre alt, schlank, fast schmächtig, blondes Haar wuchs ihm lang in den Nacken. Er sass aufrecht vor einem Pult, schob engbeschriebene Blätter zusammen, wand ein Band darum und hielt dann das Paket auf der flachen Hand dem letzten Schein des Tages entgegen. «Geschichte meiner Jugend» leuchtete es kalligraphisch vom groben Papier, und darunter stand, etwas kleiner, der Name des Verfassers: «Heinrich Nehracher von Stäfen, 1790.» Der Mann in seinem Stübchen verzog das Gesicht. Seine Jugend! Nicht fürs publico geschrieben und doch bemüht, tausend Augen deutlich zu werden: Der Knabe, mit Rindenschiffchen am Seeufer spielend, die Schule, so karg mit Antworten, und der heimliche Hort auf dem Estrich, den er zusammen mit einem Freund genoss: Bücher aller Arten, klassische und revolutionäre Literatur, Wonne ihrer freien Abende, umtanzt vom Schein eines Lämpchens. Lange konnte er das Wort «Freiheit» nicht aussprechen, ohne den Modergeruch von Paines Schriften in der Nase.

Und entsprach dies nicht zutiefst dem Zustand der Freiheit in seinem Land? Sie glich papiergewordener Erinnerung, papiergebannter Verheissung, in Wirklichkeit waren er und seine Freunde Untertanen der Stadt, geduckte, unwissende Leibeigene, die nicht einmal nach ihrem Willen den Wohnort wechseln, geschweige denn studieren oder aktiv politisch mitreden konnten. Der junge Mann ruckte zurück auf seinem Stuhl und rümpfte die Nase. Modergeruch, Verwesungsgestank der Freiheit!

Natürlich übertrieb er. Sein Vater besass eine mittlere Hafnerei am Eingang des Dorfes; er und die beiden Söhne stachen den Lehm in einer Grube unweit Käpfnach, pressten und brannten ihn zu Kacheln, malten derbe kleine Motive darauf. Und wer sich am See, ja weit ins Bündnerland hinauf und im Kanton Schwyz einen Kachelofen wünschte, dem Auge wohlgefällig und nicht zu teuer, dem baute Mathias Nehracher, was er verlangte. Nicht in der Stadt Zürich, wohlverstanden! Vor dem Zunftgesetz galten sie als Stümpler, und falls es einem Hausherrn einfiel, aus Stäfen einen Ofen zu bestellen in sein städtisches Haus, hatte er etliche Taler Busse zu entrichten. Manche Leute nahmen diese Busse auf sich, weil ihnen ländliche Öfen gefielen, aber die Herabwürdigung von Nehrachers Berufsehre blieb.

Es ging dem jungen Nehracher nicht schlecht, aus den Augen der Stadt betrachtet. Er war nicht nur ein angesehener Hafner, der seinem Tagewerk mit künstlerischem Eifer oblag, sondern verwandelte sich am Feierabend zu einem strebsamen Gelehrten; auf dem Estrich und später im eigenen Stübchen las er bis Mitternacht, und fremde Gedanken kreuzten seine Stirn.

Seit zehn Jahren führte er dies strenge erwachsene Leben, fern von Nachtbubenstreich und Tändelei. Sein Vater überliess ihm ein kleines Haus, vielmehr den Anbau in der Werkstätte mit Stube und Kammer, wo er für sich sein konnte, ungestört von Familienanliegen. Das Pult, an dem er sass, stammte aus dem Kontor einer Baumwollfabrik; das Büchergestell aber hatte er selbst gezimmert, bemalt und mit ernsthaftem Pinsel dekoriert: Frau Weisheit und Frau Torheit standen sich da gegenüber, die Weisheit in städtischem Gewand, ein

Buch unter dem Arm, die Torheit als Bauerndirne mit dem Blumenkranz.

Die Bücher waren der Grund, warum er im Dorf als geizig und menschenscheu bespöttelt wurde, warum er jede mögliche Ausgabe mied. Dafür betrat er oft den Laden von Buchhändler Friess am Rindermarkt in Zürich, ein geschätzter Kunde, der neben einer Übersetzung von Paines Menschenrechten sämtliche Schriften von Herder besass, Wieland, Klopstock und Goethen, Gessners Idyllen und dann eine ganze Reihe helvetischer Werke, Tscharners Schweizergeschichte, Iselins «Geschichte der Menschheit» und eine Abschrift des «Bauerngesprächs» von Christoph Heinrich Müller.

Zögernd begann er selbst zu schreiben. Zuerst war es Auseinandersetzung mit dem Gelesenen, Rechenschaft seines anderen Lebens, das am Feierabend begann und bis Mitternacht dauerte, Wonne und Einsamkeit im Qualm des Talglichtes, umflattert von Nachtgetier. Wie mühsam erlas er ein Buch Seite um Seite, ertastete, kostete, erkannte einen Gedanken, schrieb ihn dann um in seine Sprache, äusserte Zweifel über die allgemeine Richtigkeit, Anwendbarkeit!

Und dann, in einer Art eiskaltem Rausch, glitt eines Nachts seine Feder weiter, zog spinnegleich ihren Faden über acht Zettelchen, richtete gegen Herders Begriff der Seelenwanderung ein treuherziges Bekenntnis zur göttlichen Gnade auf, Satz um Satz ehrlichste Überzeugung auf dem Holperweg seiner ungeübten Sprache, aber getragen vom Wissen um eine Vollkommenheit jenseits aller Philosophie

Am nächsten Morgen sass er blass und empfindlich beim Familienfrühstück, angewidert vom Geschlürf und Gerülps, den aufgestützten Ellbogen, und ging rasch in die Werkstatt hinüber. Bruder und Vetter hörten auf zu kauen, glaubten, er sei bei einem Mädchen gewesen, unverblümte Worte, Gelächter verfolgten ihn. Allein in der Werkstatt nahm er eine Handvoll Lehm und presste sie so fest, dass zwischen seinen Fingern flache Würmer hervorsprangen. In seinen Augen standen Tränen.

Dies wiederholte sich seither zu ungezählten Malen und war erträglich nur durch die Anerkennung, die ihm in bescheidenem Masse zuteil wurde. Das «Museum» druckte regelmässig Beiträge aus seiner Feder, kleine Erzählungen erschienen im «Helvetischen Kalender». Im Dorfe Stäfen genoss er die Achtung der Älteren, wurde von Gebildeten und Beflissenen eingeladen, der neugegründeten Lesegesellschaft beizutreten und im grossen Saal der Krone Theater zu spielen. Aber mit einem Hochmut, der weniger dem Glauben an eine besondere Sendung entsprang als der Furcht, Geld und Zeit unnütz zu vertun, hatte er bisher immer abgelehnt. Seine Freunde mochten ihn hier treffen, in dieser Stube, über die Freiheit disputieren und dabei in die Nacht hinausstarren, als ziehe sie vorüber als schönes Weib in Fesseln.

Nehracher stand auf, im Finstern, und öffnete das Fenster ganz. Regen fiel durch die warme Luft, und von der Erde stieg der Duft nach Goldmelisse und jungen Rosen, als atme sie im Schlaf. Er liebte diesen kleinen Garten, hatte das nützliche Gemüse durch Blumen und Farne ersetzt, und manchmal, wenn er Ofenkacheln bemalen musste, arbeitete er nicht mehr nach den abgegriffenen Vorlagenbüchern, sondern holte sich Blatt und Blüte aus dem Beet, die dann, frisch nach der Natur gemalt, den Ofen schmückten. Von der Werkstatt aus konnte er den Garten in allem Wachstum sehen, den Baum am Ende und dahinter den grauen See und die Berge.

«Welche Vollkommenheit auf kleinstem Raum», dachte er nun, sich weit über das Gesims beugend, um die Blumen schemengleich aus dem Regen tauchen zu sehen, «welch zarte Übereinstimmung zwischen Gestalt, Farbe und Luft! Selbst das Unkraut so rührend mit seinen Ranken und dem Unterfangen, immer wieder sich festzusetzen, festzuhalten und Samen zu streuen. Wie tief auch das Unkraut seine Wurzel in den Boden bohrt – bin ich so ein ungebildet Unkraut, das im Schatten edlerer Gewächse sein Daseinsrecht behauptet?»

Nehracher presste beide Fäuste auf die Brust und atmete tief. Es tat gut, sich lebendig zu spüren als Atem und Herzschlag mitten in der Nacht. Heute hatte er wieder ein Werk vollendet – doch wer würde die Geschichte seiner Jugend lesen wollen? Es fehlte ihr – das wusste er genau – die herzliche Einfalt des «armen Mannes im Toggenburg» und noch viel mehr der gelassene Abstand vom Geschehen, den die Gebildeten scheinbar mühelos aufbrachten. Was war es denn, was anderen den Weg zum Erfolg mit heiterem Lichte wies? Heinrich Meyer, ein Stäfner wie er, genoss jetzt in Rom den Umgang mit Goethe, und der Bauer Kleinjogg, Philosoph hinter dem Pflug, hatte den Herzog von Württemberg gar gut unterhalten. Er aber, Heinrich Nehracher, war noch in der nahen Stadt gänzlich unbekannt als Schriftsteller, mehr als ein Hausherr behandelte ihn wie den ungebildetsten Bauernlümmel.

Was Nehracher sich wünschte, als er durch den sich lichtenden Regen die Turmuhr zwölfmal schlagen hörte, das waren nicht die dörflichen Freunde, um Anerkennung ringend wie er, sondern einer jener feinen jungen Herren, die manchmal aufs Land fuhren, um sich betont unters Volk zu mischen, den Wackeren auf die Schulter zu schlagen, erstaunt, aus bäuerlichem Mund Goethe und Lessing zitiert zu hören.

Einziger städtischer Gönner bisher war Pfarrer Lavater von der Peterskirche. Dieser hohe und gebildete Herr hatte Nehrachern zufällig beim Buchhändler kennengelernt, ihn freundlich eingeladen und eindringlich gemustert, vom Profil, von vorn, und sich kurze Notizen gemacht. Als der Würdige weggerufen wurde, beugte der Gast sich zum Schreibtisch und las: «Von Stirn bis zur Nase – der wahre Apoll. Mund und Kinn sind die eines Kuhhirten. Typus des aufstrebenden Landvolkes.»

Nehracher lächelte bei der Erinnerung. Hatte er selbst doch den Alten für sich mit einem steifbeinigen Vogel verglichen, der die Schnabelnase in fremde Angelegenheiten steckt. Für ihn war schon das halbe Gesicht eines Apollo Versprechen genug; als er sich einmal porträtieren liess, streng im Profil, bestätigte die fertige Zeichnung die Worte Lavaters: die obere Hälfte des Gesichtes, das feurige Auge, gehörten dem Idealbild eines Jünglings, doch setzte die Oberlippe kurz, fast schmollend an die Nase an, der Mund erschien verkniffen, kleinlich, Kinn und Kinnbacken verrieten eine Brutalität, von der Nehracher nicht einmal in Träumen wusste.

Dabei hatte der verehrte Pfarrherr Nehrachers Hand vergessen, seinen geheimen Kummer: war sie doch hübsch und von zarter Bildung, aber ein breitgedrückter Bursch von einem Daumen sass daran, Wahrzeichen seines Handwerks. Selbst jetzt in der Dunkelheit konnte er ihn fühlen, rauh und rissig, mit einem kurzen Nagel, der weit unter der Kuppe aufhörte. Die übrigen Finger schienen von ihm Abstand zu halten wie freie gebildete Städter von einem Seebuben.

Nehracher legte die zwiespältigen Hände auf das Gesims und starrte in die Dunkelheit. Der Regen schwand. Leicht spannte sich der Sommerhimmel über den See, der Mond trat hervor, sich zu spiegeln, wie Falter folgten die Sterne. Es war eine fast vollkommene Nacht, und der junge Dichter blickte in sie hinein, trostbedürftig und einer Eingebung gewiss.

12

I. KAPITEL

Unter dem Granatapfel

An einem der nächsten Morgen schritt Heinrich Nehracher die Schoffelgasse in Zürich aufwärts gegen das Haus «Zum grossen Erker». Quartierhauptmann Lavater hatte sich für das Eckzimmer einen neuen Ofen bestellt, der bereits als Haufe numerierter Kacheln dort aufgestapelt lag und auf den jungen Meister wartete. Bevor er das Messingfäustchen in die Hand nahm, um zu klingeln, liess der frühe Besucher den Blick über den berühmten Erker schweifen, der aus Pflanze und Tierleib in krautig barokkem Phantasiewerk aufwuchs und in einem übergrossen Granatapfel endete.

Das Glockenzeichen schien durch ein leeres Haus zu schellen, doch bald öffnete eine ältere Magd und ging voran durch den fliesenbelegten Gang die Treppe hinauf. Wie immer, wenn Heinrich ein vornehmes Haus betrat, steifte er seinen Nacken, liess aber die Blicke hurtig umherschweifen wie Vögel auf Beutezug. Sie brachten ihm diesmal groteske Sensation: auf der einen Seite des Ganges hingen düster gerahmte Ahnenbilder, nicht sonderlich gut gemalt, aber eine ehrfurchtheischende Ansammlung von Tuch, Degen und Perücke, mitten drin ein kleines menschliches Gesicht, rosige Lücke in all dem Stoff. Dies waren die Vorfahren – ihnen gegenüber aber hingen Jagdtrophäen, Köpfe von ausgestopften Ebern und Bären, ein Geweihgewirr sondergleichen. Die Tierköpfe waren so an der Wand angebracht, dass sie aus grüner Wildnis die Mauern durchstossend auf die gemalte Gesellschaft zu starren schienen. Wo sind die Vorfahren, wo die Trophäen,

13

erlaubte sich Nehracher zu denken. Er erschrak, als die Magd im gleichen Augenblick sich umwandte.

«Hier ist das Zimmer», sagte sie kurz, stiess am Ende des Ganges eine Türe auf und liess ihn sogleich allein.

Es war ein sehr schönes Zimmer. Durch die Fenster zwischen den Sandsteinsäulen drang rosiges Frühlicht und spielte über die mit weissem Tuch verhüllten Möbelstücke und Wandgestelle. In einer Ecke lagen die Ofenkacheln, die Heinrich bemalt hatte. Er liebte es, einen Ofen aufzusetzen, aus Stücken ein Ganzes zu formen, zu erleben, wie der Ofenkörper auf zierlichen Füssen sich erhob, die weisse Fläche nach Berechnung wuchs, gerahmt und umrankt mit Blumen und Muschelwerk. Von den kostbarsten Kacheln trug jede eine kleine Landschaft mit zürcherischen Burgen im Hintergrund, auf die Jäger, Reiter oder einsame Wanderer zuschritten. Eine dieser winzigen gemalten Figuren wies mit dem Finger auf eine Brunnensäule und die Bezeichnung «H. Nehracher fecit 1790».

Nehracher rieb sich in Vorfreude die Hände, zögerte dann und trat an die verhangene Wand, hob das Tuch und schaute entzückt auf eine ansehnliche Bibliothek, deren goldgepresste Rücken im Licht glänzten. Genau so, wie er sich die ideale Büchersammlung erträumt hatte, standen hier zuoberst die Sänger und Weisen des Altertums, ihnen nachfolgend ihre Schüler, die Genies der jüngeren Zeit, aufblätternd in die Namen von Goethe und Schiller, Herder, Kleist und viele andere, die der Späher nicht einmal dem Namen nach kannte. Doch sah er, dass hier eine ordnende Hand den ersten Platz der Geschichte der Natur und ihrer Völker zugewiesen hatte, den zweiten der Moral, den dritten der Poesie, den vierten der Lebensgeschichte berühmter Männer.

Fast zärtlich liess er das Tuch wieder fallen, Sätze wehten durch seinen Sinn, die er des Abends als «Gedanken bei einer Bibliothek» niederschreiben wollte: «*Hätte ich nur die*

Hälfte von dem, was dort Einer mit Karten verspielt, ein Anderer
für Maitressen, ein Dritter für Bälle und Visiten . . . dann woll-
te ich mir in einem Landhaus eine Bibliothek aufbauen . . . »

Heinrich fuhr mit der Hand über die Augen. Sonst fiel
es ihm leicht, Tag und Nacht, Handwerk und Poesie auseinanderzuhalten, aber dieser Raum hatte etwas Unirdi-
sches. Puttenköpfe blickten aus dem Deckenstuck auf ihn
herunter, und der schachbrettartig eingelegte Boden öffnete ihm Treppen nach allen Dimensionen. Noch einmal hob
er ein Tuch von der Wand, da blickte ihm der geliebte Idyl-
lendichter schalkhaft brüderlich entgegen, und ihm
gegenüber bot Lavater das Profil seiner blassen grossen
Nase.

Schritte erklangen im Flur, und als der Hafner sich über
seinen Kachelhaufen beugte, die Stücke beim Zählen
antippend, ging mit leisem Knarren die Türe auf.

Der hereinkam, war aber nicht der Quartierhauptmann
selber, sondern sein junger Sohn, ein Herrchen von etwa
sechzehn Jahren, das einen strammen Haarbeutel über der
Schülertracht trug und den Kauernden altklug musterte.
Der Herr Vater habe in dringenden Geschäften nach Bern
verreisen müssen und ihm aufgetragen, den Hafner zu
begrüssen, Sorge zu tragen, dass nichts beschädigt und der
Ofen säuberlich begonnen werde.

Er sehe aber, fuhr er eilig fort, als er Nehrachers steifen
Nacken gewahrte, dass der Hafner ein geübter und sogar
gebildeter Mann sei und man ihm die Angelegenheit
ruhig überlassen könne.

Heinrich dankte und machte sich wieder an die Arbeit,
gewahrte aber, dass der Jüngling noch immer am Tisch
lehnte und ihn neugierig musterte.

«Er ist von Stäfa, oder etwa nicht?»

Nehracher nickte.

«Kennt er den Kunscht-Meyer, über den hier und bei
Goethen so viel Rühmliches gesagt wird?»

Nehracher nickte wieder, nicht aus Unhöflichkeit, sondern weil er dem Söhnchen bedeuten wollte, er könne nicht reden und arbeiten zugleich – aber der junge Lavater liess sich nicht beirren.

«Da ich schon meinen Vater vertrete, können wir ruhig ein Stündchen conferieren zusammen, auf meine Verantwortung. Kommt her, setzt euch zu mir.» Und die Knabenhand wies weltmännisch auf das tuchverhangene Sofa.

Der Hafner klopfte sich den Staub von den Knien und setzte sich zweifelnd, verschränkte die Arme – eine Haltung, die er sich in Gesellschaft angewöhnt hatte, weil sie ihm den breiten Daumen versteckte und den zarteren Teil der Hand ins Licht rückte.

Sein Gönner brachte es fertig, die Magd herbeizurufen um heisse Schokolade im Kännchen; als er einschenkte und dem Gast über den Rand der Tasse zulächelte, hatte er etwas kindlich Einnehmendes, und Nehracher entspannte sich. Er griff seinerseits zum Porzellan, hielt es geschickt und trank das süsse Zeug, als sei er es gewohnt. Dann sah er den Jungen an und wartete.

«Ich dachte», begann jener mit nur leichter Verlegenheit, zugleich in der Anrede auf das höflichere «Ihr» hinüberwechselnd, «weil ich sah, wie Ihr die Bücher – ich meine, soll ich Euch die Bücher und die Sammlungen meines Vaters zeigen? Man hört so viel, dass auch Leute vom Land gebildet werden, und ich möchte Euch helfen, wenn Ihr wollt, könnte Euch Bücher leihen oder Aufsätze korrigieren, Euch Briefe schreiben.., »

Heinrich blickte seinen Gastgeber an. War es ihm ernst? Oder begann hier einer von den hämischen Scherzen, die sich der Landvogt von Grüningen erlaubt hatte, um Hohn und Verachtung auf einfältige Kuhhirten zu giessen?

Aber der junge Lavater schien arglos, seine Augen warteten gespannt, im Winkel des Mundes klebte kindlich ein Rest Schokolade. Immerhin, er mochte siebzehn Jahre

16

sein, bestimmt war seine Erziehung sehr sorgfältig, umfasste Dialektik, Rhetorik und Mathematik, Latein und Französisch.

«Was hätte mir der junge Herr denn zu zeigen?»

Erfreut sprang der andere auf, und während die Magd das Tablett hinaustrug, schritt er voraus in das anstossende Kabinett.

Hier war nichts verhüllt. In die Täfer eingelassene Glasschränke präsentierten ohne Vorbehalt die Kostbarkeiten einer Münz- und einer Mineraliensammlung. Ein weiterer Kasten schien mit Kuriositäten aus fremden Ländern gefüllt; dicke Mappen umschlossen eine Kollektion Kupferstiche.

Heinrich hatte noch nie eine Münzensammlung gesehen; Geld war ihm verächtlich und notwendig, Sinnbild der sozialen Ungerechtigkeit, Pfand für unabhängiges Leben. Vor ihm aber lag es auf violetten Samt gebettet, aus niederem Zweck erlöst und zum Kunstwerk, zum Schmuckstück erhoben. Am besten gefielen ihm die griechischen, genauer gesagt, die thessalischen Drachmen und Oboli – Bezeichnungen, die gefällig vom Mund des jungen Führers flossen – mit Darstellungen der Nymphe Larisa, anmutsvoll lebendig im Fliessen des Gewandes.

Der junge Lavater – sein Name sei Hans Jakob – lächelte gönnerhaft in das Entzücken des Gastes hinein, sagte, Gessner selbst habe sich hier Anregung für seine Bilder geholt. Dann wies er mit spitzem Finger auf römische Goldmünzen, die in besonderem Polster lagen, und zählte die Namen der dargestellten Kaiser auf: Domitian, Constantius, Julian ... Nehracher schien es, jener leiere einen Reim herunter, und spürte im selben Augenblick Neid auf dieses Kind, dem Rom und Kaiser und Schlacht bei Ktesiphon so geläufig waren wie ihm kaum die vaterländische Geschichte.

17

Jetzt klappte Hans Jakob ein Kästchen auf, darin lagen Goldmünzen, von feinem Kettchen zusammengehalten, um einen Frauenhals zu schmücken. Nehracher geriet ins Träumen: musste nicht die Liebe viel aussergewöhnlicher werden unter Angebinden wie diesem, eine Frau nicht inniger verwandelt als mit einem Kettchen vom Zurzacher Markt? Dies war ein Gedanke, der seinen Grundsätzen widersprach, eine Versuchung, die er im Moment nicht energisch genug bekämpfen konnte – das Etui schnappte zu.

Dem jungen Lavater gefiel seine Rolle, er nahm Nehracher am Ärmel und führte ihn zum gegenüberliegenden Kasten, in dem Kristalle wie gläserne Blumen funkelten. Auch hier klangen Namen an sein Ohr, stockender allerdings, und der Hinweis, dass Herr Geheimrat Goethe sich diese Sammlung habe zeigen lassen.

Heinrich starrte und schaute in die nadelspitzen grünen Gebilde, in grobe Brocken, von Geäder durchzogen wie lebendige Materie, in klare blaue Tropfen, in verkrustetes Blutrot und schreiendes Gelb. Auch ein kleines Stück Gold lag da, zierlich verästelt wie Filigran, unberührt von menschlicher Gewinnsucht.

«O Natur!» rief der junge Hafner überwältigt aus, spürte Tränen. «Hüllst den Menschen in Dumpfheit ein und spornst ihn ewig zum Lichte! Man gehorcht ihren Gesetzen, auch wenn man ihnen widerstrebt; man wirkt mit ihr, auch wenn man gegen sie wirken will. Wirkt doch das Gesetz solcher Kristalle auch in uns.»

«Ihr zitiert Goethe, wenn ich nicht irre», bemerkte der Knabe kühl. «Kommt, ich will Euch die Kuriositäten meines Grossvaters zeigen.»

Eine Schranktür schwang auf, und da pendelte dem Überraschten eine meterlange getrocknete Eidechse entgegen, Herrin über allerlei Schätze: Nautilusbecher, Alraune in obszöner Verschlingung, Stockgriffe aus Walfischbein und ein elfenbeinernes Götzchen. Ein Glücksring aus Elefantenhaar und ein drolliger Ohrenlöffel, Bernstein und Amber, ein türkischer Krummsäbel, Schachfiguren. Ein Trinkgefäss, das den Durstigen foppte, und eine mechanische Schildkröte.

«Solche Sammlungen helfen mit, einen Menschen zu erziehen – so sagt der Herr Vater», bemerkte Hans Jakob. Er schloss den Raritätenschrank. «Denn Erziehung bedeutet ja nicht das, was uns Schule und Lehrer geben, sondern das, was wir freiwillig für unsere geistige Entwicklung tun. Sicher geht Ihr einig mit mir. Ich wäre begierig zu hören, was Ihr über Erziehung denkt, denn die offizielle Unterweisung des Landvolkes muss ja sehr rückständig sein, abominable ...» Der höhere Schüler zog eine Tabatiere hervor und bot Nehracher die Prise an; der aber dankte fast schroff und meinte, er müsse nun endlich mit seiner eigentlichen Arbeit, dem Aufsetzen des Ofens, beginnen.

«Wie Ihr wollt», sagte der andere. «Aber schreibt mir doch Eure Gedanken auf, schreibt Brief oder Aufsatz nach Belieben, vergesst nicht, dass ich grösstes Interesse zum Landvolk fühle. Lebt wohl, mein Freund.» In wunderlichem Gemisch von Impuls und Herablassung nahm Hans Jakob des Hafners Hand, drückte sie und ging zur Tür.

«Ob er nun sofort die Finger waschen muss?» dachte Nehracher, noch immer zweifelnd, aber dann ergriff ihn Freude über den angebotenen Briefwechsel, ein gewisser Stolz, dem Büblein zu zeigen, wie gross sein eigener Schatz an erworbenem Wissen, wie gereift seine Gedanken seien.

Denn die Sammlungen, die er eben hatte sehen dürfen, waren doch auch ein Symbol für die inneren Schätze der Kontemplation, die es täglich und nächtlich zu erringen galt. –

Die folgenden Stunden vergingen in Fleiss und Arbeit, es erwies sich, dass der Kamin selbst gewisser Korrekturen bedurfte, wenn der Ofen richtig ziehen sollte, und da der

19

tirolische Maurer ausblieb, machte sich Heinrich mit einer gewissen trotzigen Freude selbst ans Werk. Russ überrieselte ihn, seine Hände wurden schwarz; das Brecheisen war schwer, sein ganzer Körper schmerzte.

War nicht auch körperliche Arbeit Teil der Erziehung? Fechten oder Steinebrechen. In der kurzen Mittagspause, die er sich gönnte, notierte er einige Sätze über physische Abhärtung, Reinlichkeit, einfache Kost, Bewegung an der frischen Luft; er wünschte für die Erziehung den sicheren Weg zwischen tyrannischer Härte und Nachlässigkeit – was alles ihn als überzeugten Schüler Rousseaus und Pestalozzis auswies und in den folgenden Nächten zu dem Aufsatz «Allgemeine Bemerkung über die Erziehung» erhoben werden sollte.

Am Nachmittag schaute Hans Jakob wieder herein, in Reitstiefeln diesmal, mit einem Peitschlein und allerliebstem Dreispitz. Er müsse einer Cousine entgegenreiten, die von Baden zurückkomme und für einige Zeit bei ihnen wohne. – Der Ofen schaue charmant aus, der Herr Vater werde sich freuen, auf Wiedersehen denn.

Nicht charmant – schön sollte der Ofen werden, würdig des Bücherzimmers und der Schätze im anstossenden Kabinett. Der junge Hafner dachte, dass solcherart wenigstens ein Werk von ihm Jahrhunderte überdauern würde. Wenn nicht seine Schriften, so doch dieser Ofen, ein tröstlicher Gedanke in dieser Zeit.

Im Verlaufe des Nachmittags lernte er Frau Lavater kennen. Sie hatte ein weiches weisses Gesicht, Spitzenärmel fielen auf ihre Hände. Sie deutete an, dass ihr Sohn, eben der Hans Jakob, ein jugendlicher Schwärmer sei und erpicht darauf, ein ländliches Genie zu entdecken. Sie hoffe, sagte sie, der junge Hafner wolle diese Freundschaft nicht ausnützen, sich nur philosophisch mit dem Buben unterhalten und nicht etwa politisch werden. Das würde den Quartierhauptmann sehr zornig machen und könnte für Nehracher Folgen haben. – Darauf lächelte sie, fand den Ofen schön und rauschte hinaus.

Heinrich war müde. Er legte das Werkzeug zusammen, bat die Magd um einen Besen und wischte den Arbeitsplatz so sauber auf, dass er ihr Herz gewann, sich in der Küche waschen durfte. Sie bürstete seinen Rock und half ihm hinein, als sei er ein Herr.

Von der Treppe aus sah er Hans Jakob im Flur unten stehen, neben ihm eine schlanke Person im Reitkleid, wohl die Cousine.

Er wollte grüssend vorbeieilen, mit steifem Nacken, da rief ihn der junge Lavater zurück und sagte auf französisch, das sei nun der schreibende Hafner aus Stäfa, ein Schützling von ihm. Nehracher machte eine halbstädtische Verbeugung und wartete, während das Gespräch über ihn auf französisch weiterging, was er ebenso peinlich als ungehörig fand. Wie man über den Ofen redet, verhandelt man auch den Hafner, dachte er, hat doch ein Landmensch keine Seele, ist ein Stück Holz, ein Paar Hände bloss für die gnädige Herrschaft.

Trotz und Scham hiessen ihn nun, das Fräulein ebenso ungeniert zu mustern, wie die Rede über ihn ging. Er sah ein Paar Stiefelchen, ein Kleid aus grünem Tuch von fast militärischem Schnitt. Auf den ungepuderten Haaren trug die Dame einen grossen Hut – ihn wunderte, ob sich damit ein Ritt wagen liesse, und sie nahm ihn auch gleich ab. So trafen ihre Augen die des jungen Hafners, ungehalten, dass er nicht zu Boden schaute. Er hielt stand, recht hartnäckig, er wurde rot, aus Trotz, wie er glaubte. Doch fühlte er schon eine Bezauberung, die ihn gegen seinen Willen lächeln liess. Die Reiterin sah aus, als gefalle er ihr. Ihre Stimme, mit einer gewissen Spröde, erreichte Heinrich, der noch immer stand und wartete: «Wann wird er mit dem Ofen fertig sein?»

Es gelang ihm, passend zu antworten, und dann durfte er gehen. An der Schifflände erreichte er gerade noch das Marktschiff. Er setzte sich ins Heck, hinter das gestrammte Viereckseegel, und glitt in himmlischem Wohlbefinden dem Ufer entlang. Auf der Höhe von Küsnacht erfüllte Glockengeläut die Luft; der Abendwind brachte ihren Klang in Stössen. Glockengeläut schien selbst die Segel zu schwellen und durchdrang Nehrachers Herz mit froher Ahnung, einer Zuversicht, als sei die ersehnte Verbrüderung von Stadt und Land bereits geschehen.

Er zog sein Taschenbuch heraus und notierte die folgenden Sätze:

«Wo nicht Stand und Geburt, nur Verdienst gelten; wo der Kleine geachtet wie der Grosse, der aus der Hütte wie der im Palaste; wo je der Würdigste der Erste ist im Staate; wo kein vornehmer Thor, eine geadelte Schlafmütze, kein unvermögender Schwindelgeist eine Stelle erschleicht, von welcher das Wohl des Ganzen abhängt; wo nur Lieblinge der Natur, die schon im Plan der Schöpfung ausgezeichnet, wo weise Patrioten Volksführer und Richter sind; wo diese der Nation zum Segen sind und von derselben gesegnet werden – da muss der blühendste und beste Staat auf Erden sein.»

Wenn er später zurückdachte, war dies die glücklichste Stunde seines Lebens. Die Vision des idealen Staates begleitete ihn, er sah die ausgestreckte Hand des neuen Freundes und die Augen der schönen Reiterin. Als das Schiff bei der nächtlichen Haab anlegte, entdeckte Nehracher zwei Männer, die auf ihn warteten. Es waren Kaspar Pfenninger, Chirurgus und Kirchenpfleger, und Hänsli Ryffel, Bäcker im Stäfener Bad.

II. KAPITEL

Die Forderung

Nehrachern, der zukunftstrunken ans dunkle Ufer stieg, erschienen die Freunde wie Sendboten des Schicksals.

Hänsli Ryffel, untersetzt, mit dem bleichen runden Bäckergesicht, war ihm lieb wie ein Bruder. Schon als Knaben sassen sie zusammen, wühlten in Büchern und Broschüren aus dem Besitz von Hänslis Vater, dem Schulmeister. Seit Hänsli selbständiger Bäcker und Quartiermeister war, unbeweibt zu bleiben dachte, verbrachte er Stunde um Stunde neben dem Mehlspeicher, wo ein grosser Stich nach Füsslis Rütlischwur hing und staubige Scharteken sich häuften, vor allem über alte Geschichte und eine ideale Verfassung. Er kam selten unter die Leute, hockte wie ein Wurm im Gehäus, und manchmal, wenn Freunde ihn besuchten, konnte er seltsam schwärmerisch vom wiedergekehrten Paradies reden, wobei unklar blieb, ob er damit einen Staat nach Liberté, Egalité, Fraternité im Auge hatte oder das himmlische Jerusalem. Er gehörte den Stäfner Herrenhutern an und war ein frommer Mann, auch ein guter Bäcker, der den Fremden im Gasthaus zum «Bad» spanische Brötchen fabrizierte.

Ganz anders der Chirurgus Pfenninger, ein stattlicher, selbstbewusster Mann, wenig über dreissig Jahre alt, von gewinnendem Auftreten und gelenkigem Verstand. Er hatte Weib und Kinder, bewohnte ein Haus, das er sich grösser wünschte, und manchmal, wenn ein Holzer verunglückte oder der Schlag einen Alten traf, musste man den Arzt erst suchen, denn seine Tätigkeiten waren weitverzweigt und spielten im Geheimen.

23

Beide, Pfenninger und Ryffel, sahen seit der geglückten Revolution in Frankreich das eigene Ziel näher gerückt, nämlich die Befreiung des Landvolkes aus städtischer Herrschaft. Während Ryffel aber verbissen nach verbrieften Rechten suchte, ging Pfenninger den direkten Weg mündlicher Überredung, steckte den Kranken den Strassburger Curier und andere sansculottische Schriften unters Kissen, zählte Puls, prüfte Urin unter Hinweisen auf das bequeme Leben der Städter, und mit einer Art Wollust schnitt er Eiterbeulen auf. «So schwärt es in der ganzen Landschaft», pflegte er dann Patient und Weibern zu dozieren, «die ganze Landschaft ist krank wie der Körper hier. Aber das pus bonum et laudabile, diese Eiterbeule der Unzufriedenheit, sammelt sich in unserem Dorfe Stäfen und wird hier aufbrechen, zur Gesundung des ganzen Volkes.»

Nehracher hielt gesinnungsmässig wohl zu den beiden Vaterlandsfreunden, doch hütete er sich vor jeglicher Agitation, besuchte auch kaum die Lesegesellschaft, wenn dort gewagte Politik zur Sprache kam. Hie und da hatte er schon Aufzeichnungen Pfenningers in gehobene Dichtung übersetzt, doch ohne grosse Lust, nur dem Freund zuliebe.

Er sah daher mit einem gewissen Unbehagen, dass die Freunde in Aufregung glühten und wie Propheten aus der quirlenden Menge des Landeplatzes ragten.

«Zu dir», sagte Pfenninger kurz, und fast eilend erreichten sie Nehrachers Garten, wo sie sich in der Birnenlaube bei einem Laternchen niederliessen. Pfenninger spähte noch einmal durch die Hecken, lauschte. Sie waren allein.

Jetzt begann Hänsli zu berichten: Dass er, wie sie wüssten, alles alte Zeug lese, auch Schulhefte und was dabei liege. Und da habe er bei einer Verwandten kalligraphisch beschriebene Blätter gefunden. Was das sei, habe er gefragt, und die Base sagte: «Der Schulmeister hat uns Kindern manchmal alte Pergamente gebracht. Daraus mussten wir lernen, schön zu schreiben. – So so. Hast mein Heft gefunden. Kannst es behalten.»

Wie der Schulmeister geheissen habe? Das kam der Base nicht mehr in den Sinn. Der Lehrer starb in jungen Jahren. Ob das Pergament wichtig sei?

Freilich war es wichtig, denn – und Hänsli beugte sich über den Tisch zu Nehracher, sein Gesicht leuchtete wie der Mond: «Denn was ich gelesen habe, das war ein Teil der Waldmannischen Spruchbriefe, die schon so lang verschollen sind, dass die Regierung sie kurzerhand leugnet!»

Nehracher wurde die Kehle trocken. Er fragte, was es denn mit den Waldmannischen Briefen auf sich habe.

«Du weisst es nicht?» Hänsli weinte fast. «Nach dem Waldmannischen Auflauf anno 1489 wurden den Landleuten bedeutende Freiheiten zugestanden und durch ein Dokument mit den Siegeln der sieben alten Orte bestätigt. Das Dokument ging verloren, damit auch die Privilegien der Landleute. Aber jetzt sind wir ihm auf der Spur! Ich werde diesen Waldmannbrief finden, ich bin ganz gewiss; man wirft doch die Sachen eines Schulmeisters nicht einfach fort, besonders wenn so hübsche Siegel dranhängen. Der Brief liegt auf einer Winde und wartet, ich weiss es.»

«Du vergisst», sagte Pfenninger kalt, «dass man solche Briefe nicht nur aus Unverstand, sondern voller Absicht vernichten kann, damit wir keine gesetzliche Handhabe mehr haben. Aber such du nur weiter, wer weiss. Ich gehe derweilen meinen Weg, habe jetzt Verbindung mit einem Kollegen in Pfäffikon, wo ebenfalls eine Singschule und Lesegesellschaft eingerichtet und mit fortschrittlichen Leuten besetzt wird.» Wieder lehnte Pfenninger ins Birnenspalier zurück, das grüne Laub umgab ihn wie eine Perücke.

«Was waren das denn für Freiheiten, die der Brief versprach?» fragte Nehracher den Hänsli, doch dessen langsames Reden missfiel Pfenninger. Er unterbrach ihn und rief, als spräche er zu einer Versammlung:

«Du fragst noch, Bruder? Du fragst nach unsern Freiheiten und solltest selber wissen, was uns heute alles verboten ist, damit die Stadt an uns fett werden kann wie ein Blutegel.»

«Beinah alles, was einem wahrhaft freien Volke zusteht, wodurch es sich entwickeln, sein politisches Dasein fördern kann, hat die Stadt an sich gerissen. Wo in einem freien Staat jeder Mann den Beruf ergreift, zu dem er Lust, oder doch Geschick, zumindest auch die Mittel besitzt, darf ein Landzürcher nur mit Wein und Getreide handeln, er muss für seinen Webstuhl rohe Baumwolle in der Stadt kaufen, darf sie weder bleichen noch drucken. Kein geistliches oder weltliches Amt steht dem besten Landmann offen; dem Kind des Bauern sind Pflug und Rebmesser zugewiesen. Es wird Taglöhner, Dienstmagd. Dürftest du überhaupt Öfen in die Stadt liefern? O nein, deine Bauherren zahlen zum Schein eine Busse, weil sie deine Produkte denen der städtischen Hafner vorziehen. Trotzdem giltst du vor der städtischen Zunft als ein Stümpler. Ist das nicht demütigend? Ist das nicht menschenunwürdig?»

«Nicht einmal Reben dürfen wir nach Belieben einpflanzen», fuhr er ruhiger fort, «und wer redet von der Last unserer Zehnten und Grundzinsen, vom Todfall? Was brauchen wir Obervögte und Untervögte? Künstlich werden wir wie Trottel gehalten, wie ein angebundenes Kind in der Stube, mit dem keiner redet und das daher einfach blöde bleibt.»

Seine Finger trommelten auf die Tischplatte, dann blickte er Heinrich an, ihn zwingend, seine Meinung zu sagen.

«Nun», begann Nehracher, «ihr seid immer so ungeduldig. Man muss auch den Städtern Zeit lassen, aus der französischen Revolution zu lernen. Ich komme mit vielen Menschen zusammen, auf dem Land und in der Stadt. Es gibt Leute auch innerhalb der Stadtmauern, die sich ehrlich um uns bemühen, und viele Landleute scheinen mir doch zufrieden; sie sind gesund, haben Fabriken wie Herr Stapfer in Horgen oder Stall und Vieh und Acker wie viele unter uns. Du, Pfenninger, bist ein angesehener Arzt, du Hänsli, bist Quartiermeister und verdienst an den Städtern, die deine Brötchen kaufen.»

«Ich denke, wir müssen den Weg weitergehen, den wir begonnen haben, nämlich uns bilden, wo wir können, um damit der Regierung zu zeigen, dass wir zu Amt und Handwerk begabt sind wie Städter und Bürger. Du sagst, wir seien noch wie blöde Kinder – ich für mich möchte nicht ein Obervogt sein, ich möchte nur halb soviel lernen wie sechzehnjährige Bürschchen in der Stadt.»

Hänsli blickte besorgt auf den Freund, der ihm heute blasser schien als sonst: «Pfenninger, du musst den Heinrich verstehen. Er ist ein Dichter, ein Schöngeist, er taugt nicht für den Kampf. Dafür sind wir da. Du wirst Anführer sein, wirst mit der Regierung reden, und ich bin dein Notar und deine Chronik. Zuerst aber, bevor du etwas unternimmst, muss ich den Waldmannischen Spruchbrief finden. Ich werde ihn finden.»

Sie schwiegen. Falter flatterten um das kleine Licht. Hundegebell kam näher und verging. Die Männer schauten in ihre Träume. Alles würde sich erfüllen.

*

Als Nehracher nach einigen Tagen wieder bei Lavaters arbeitete – er war eben daran, die Abschlussplatten des kubischen Unterbaus zu legen, was künstlerische und technische Erfahrung brauchte –, ging die Türe auf, obschon ihn Hans Jakob erst vor kurzem verlassen hatte.

Auf der Schwelle stand Nanette. Sie sagte, der Hafner solle aufhören, die Tante habe Kopfschmerzen und ertrage das Klopfen nicht. Das Mädchen trug jetzt ein

Gewand aus leichtem Stoff, fein gestreift, mit dem erlaubten Ausschnitt. Ein Samtband schlang sich um die Locken.

«Was habt Ihr mit meinem Cousin?» fragte sie brüsk. «Er stöbert die ganze Bibliothek durch und legt Verzeichnisse an für Euch, hat ein Bild von Euch in seinem Zimmer hängen – seid Ihr wirklich ein Genie, ein Dichter des Landvolkes?»

Nehracher verzog den Mund, das Mädchen zeigte die gleiche Neugierde wie seine Schwestern zu Hause. Dann meinte er, der Cousin sei eben so freundlich, die Erziehung eines ungebildeten Hafners überwachen zu wollen.

Da wurde Nanette zornig, hätte am liebsten gestampft, und sagte zu ihm, solange die Leute vom Land diese falsche Demut nicht ablegten, seien sie auch nicht reif zum Entscheiden und Regieren. Entweder wisse ein Mann, dass er denen in der Stadt ebenbürtig und darum gleichberechtigt sei, oder man anerkenne die Weisheit der Gnädigen Herren und ducke sich.

Nehracher schwieg. Nanette redete weiter, als denke sie laut: «Wir alten Familien stehen am Ende einer langen Zeit. Wir können in ihr nichts mehr tun als stillehalten. In Frankreich würden mich jetzt Männer wie Ihr auf die Guillotine schicken, glaubend, im Blutrausch sich zu erneuern. Doch Blut ist immer das Ende, und was aus diesem scheusslichen Dampf aufsteigt, sind Übel und Laster von Jahrhunderten. Ich fürchte mich nicht» – dies sagte sie eilig, da er antworten wollte – «hier bei uns, in Zürich, wird nichts dergleichen geschehen. Ich werde meinen Kopf behalten, und die Regierung wird väterlich über das Landvolk weiterwachen, und ihr Bauern werdet immer und je die Tölpel bleiben, auch wenn der Städter euch auf die Schulter klopft. Tut doch etwas, tut doch endlich etwas!»

«Aber ihr tut nichts, mein Freund, ihr habt nicht vergessen, wie euch die Herren nach den Bauernkriegen auf den Kopf geschlagen haben. So werdet ihr weiter in Kriege geschickt, die euch nicht den kleinsten Finger angehen, ihr gehorcht und seid mutig und bildet euch etwas darauf ein, dass ihr Hauptleute werden könnt.»

«Und wir Frauenzimmer lassen uns weiter in den regierenden Familien austauschen, verheiraten mit Männern, die wir kaum oder, schlimmer noch, die wir seit Kinderzeit kennen. Wir gebären Nachkommen, so viel der Herr will, wir führen mustergültig das Haus, und dann einmal sterben wir im Kindbett, oder an irgendeinem anderen Schmerz, und unser Witwer heiratet bald wieder.»

Nehracher hatte noch nie eine Frau so reden hören; befremdet erst und dann in einem seligen Gedanken erfuhr er, dass hier die Gefährtin für ihn stand, das Weib, seine Ideen für Freiheit und Gerechtigkeit zu teilen, leidenschaftlich bereit, die Fesseln der Konvention zu sprengen. Dann wischte er über die Stirn. Gaukelzeug. Das Fräulein aus der Stadt und der Hafner mit dem breiten Daumen ...

«Wo sind hier die Menschenrechte, Nehracher?» redete Nanette weiter.

«Wir aristokratischen Frauenzimmer sind ärmer dran als die geringste Bauernmagd, die sich mit dem Burschen ins Stroh legen kann, der ihr passt. Vielleicht nur einer, der Baslerin Sibylla, hat Gott geholfen, die konnte lernen und malen, was sie wollte, ist nach Westindien gereist – weil sie fremde Käfer sehen wollte. Wir aber kochen Suppen und spinnen Garn, nicht freier als irgendein Weib auf dem Land.»

Sie hatte sich so erregt, dass Nehracher sich verstohlen umsah, dann öffnete sie das Fenster und lehnte sich an die Sandsteinsäule. Ihr Körper bog sich rückwärts wie die Märtyrer auf alten Bildern. Heinrich war gebannt, verzaubert – wie deutlich redete Nanette, wie kam sie seinen Empfindungen entgegen!

Er tat einen Schritt und sah ihr in die Augen.

Geräusche des sinkenden Tages drangen ins Zimmer. Die Sonne schien durch das Zinnengitter des Nachbarhauses. Seine Schatten umschlossen Nanette wie ein Netz.

Was die Freunde nicht vermocht hatten – Nehracher aus dem Gehäuse von dichterischem Egoismus herauszureissen –, das wurde jetzt nach dem Willen einer Städterin, die ihn Freund genannt hatte, zur leuchtenden Aufgabe. Er wollte, sobald die Freunde riefen, seine Feder in den Dienst der Freiheit stellen.

III. KAPITEL

Die Correspondenz

Lieber Herr Lavater, schrieb Heinrich, *werther Freund.* Für ihn begann eine Zeit des ungetrübten Glücks. Dieweil seine Freunde für die grosse patriotische Erhebung tätig waren, Hänsli von Speicher zu Speicher kroch, unbeirrt sicher, die originalen Freiheitsbriefe zu finden, schwelgte Heinrich im Gefühl, endlich eine wahre Geistesfreundschaft zu pflegen, in deren Schatten seine Neigung zu der schönen Nanette tiefe Wurzeln schlug.

Hans Jakob schrieb ihm nicht nur hochphilosophische Briefe, er nannte ihm auch wichtige Lektüre zur allgemeinen Bildung, forderte Kritik zeitgenössischen Dichtern gegenüber und ermunterte den entflammten Landmann zu vermehrter geistiger Produktion. Nanette schrieb nie.

Aber auch nach dem Aufsetzen des Ofens zur allgemeinen Zufriedenheit wurde Nehracher öfter ins Haus «Zum grossen Erker» eingeladen, von Mutter und Sohn Lavater begrüsst und unterhalten. Pünktlich traf dann auch Nanette ein, bald launenhaft, bald freundlich, und verwirrte den jungen Dichter mit Blick, Wort und Bewegung.

Lieber Herr Lavater, werther Freund, schrieb Nehracher. *Sie ersetzen die Armuth meiner Belesenheit und den Mangel einer guten Gesellschaft.*

Zwar lebte er nicht mehr so eingezogen wie einst; er verspürte verzeihliche Neigung, gehört und begrüsst zu werden, und so traf man ihn erstmals bei den Veranstaltungen der Stäfner Musikgesellschaft, in einem neuen grünen Rock, die Haare zu Locken gedreht.

Die Musikgesellschaft von Stäfen unterschied sich von anderen Singschulen durch vornehmere Zuhörer, denn im Badhaus, wo die Musikfreunde sich trafen, wohnten die Kurgäste von Zürich und benachbarten Städten den Konzerten bei, bereit, den Spielenden Angenehmes über ihre Geschicklichkeit zu sagen. Und was als gemeinsames Psalmensingen zu Violin und Bassgeige begonnen, durch wacker blasende Feldmusikanten ergänzt worden war, erhob sich dank der Aufmunterung fremder Zuhörer zu bemerkenswerter Gewandtheit im Darbieten von städtischen Stücken, ja zur Aufführung einer Opera seria.

Lieber Herr Lavater, werther Freund.

Im Badhaus wurde Nehracher dem Kunscht-Meyer vorgestellt, einem wichtigen Mann, den das Fluidum Goethes umgab: «*Diesen einsichtsvollen Freund hab' ich nun ganz auf meiner Seiten, und ich weiss nicht, wie das geschehen konnte, da alles Volk so sehr zu ihm drängte, indes ich kaltblütig in der Fehrne stand. Ich buhlte gar nie um seine Freundschaft, und richtete mich blos nach ihme. So wie er mir entgegen kam, so that ich auch. Dennoch äusseret er nun ein ganz unerwartetes Zutrauen . . .*»

Wieder einen Freund, einen von der Welt anerkannten Freund gewonnen. Besserer Gewinn als Kumpan Billeter von Wädenswil, ein Hansdampf in allen Gassen, jugendlich plumper Romeo der Wädenswiler Bühne, der unter Tränen Heinrichs Zuneigung erlistet hatte.

Ein Brief, die üble Affäre zu schildern, lag in Hans Jakobs Schatulle und wurde von den Eltern gelesen.

Der junge Herr Lavater befand sich mit Fortschreiten des Jahres nicht in so ungetrübten Correspondenz-Freuden wie sein ländlicher Schützling. Wer vermag in Zeiten wie den seinen Politik und Philosophie auseinanderzuhalten? Er hörte von Nehracher mehr, als er las, über die gefährlich werdenden Stimmungen auf dem Land, und sein Verstand war noch nicht wendig genug, die Vor- und Nachteile offenkundigen Sympathisierens mit den Männern vom See zu erfassen. Wie, wenn sie siegten, die Stadt stürmten, wenn Männer wie Nehracher an die Spitze der neuen Regierung gelangten? Wie viele Anhänger der neuen Sache gab es überhaupt in der Stadt, wie sicher sassen die Köpfe der alten Familien? Würde es kommen wie in Frankreich? Hans Jakob wurde der Kragen eng. Wen konnte er fragen? Der Herr Vater verbot die Correspondenz mit Nehracher. Nehracher schrieb trotzdem:

Lieber Herr Lavater, werther Freund.

Was meinte überhaupt der Hafner mit dem dicken Kinn, wenn er nach Zürich schrieb von der grossen Landsgemeinde in Glarus: «*Der zahlreiche Pöbel — heisst es — erkannte, dass die öffentlichen Ämter nicht mehr nach Vorschlägen und Handmehr, sondern schlechterdings durch das Loos vergeben werden sollen, welches Loos gar keinen Landmann ausschliesst, wer es auch immer seyn mag.*» Oder was bedeutete die Mitteilung nach Zürich, in Chur hätten etwa 600 Bauern das Rathaus umzingelt und die Senatoren bedroht? «*Die Geängstigten scheinen aber durch eine List der vornehmen Weiber gerettet worden, die durch zwei gedungene Kerle ‹Feuer, Feuer!› schreien liessen...*»

Nehracher merkte nichts von dem Zwiespalt seines städtischen Freundes. In seiner angestammten Bescheidenheit («*Sie, Ihre Familie, Ihre Bibliothek, Ihr Naturalien- und Münzkabinett... sind mir alles, was ich auf vier Stunden weit zu sehen und zu geniessen wünsche. Und diese Freude gönnen Sie mir doch gewiss, auch wenn ich nur Nehracher bin, nicht wahr?*») entschuldigte er das Ausbleiben der Antworten mit Examina und Lustbarkeiten des Freundes und schrieb unverdrossen weiter.

Daneben gab ihm die Werkstatt viel Arbeit, besonders weil sein Bruder sich mit dem Gedanken trug, die in Konkurs geratene Porzellanfabrik im Schooren zu kaufen und die Stäfner Hafnerei zu verlassen. So lieferte Heinrich einen Ofen in das Einsiedler Frauenkloster, einen für den

Untervogt von Lützelsee und einen in das Haus des Dichters Bernold in Walenstadt. Sogar nach Schwyz führte er einige Fässer voll Kacheln und hatte die Ehre, «*bey jeder Mahlzeit den wahren Eydtsgenossen von Reding zu sprechen, der so liebreich, als liebenswürdig ist*». So schrieb er nachher an den lieben Herrn Lavater, verheimlichte aber dem Freund, dass der wahre Eidgenosse ihn vertraulich am Ärmel genommen und gefragt hatte, ob die zu Stäfen, kreuzkaib, die alten Freiheitsbriefe noch immer nicht gefunden hätten. Die Zeit sei reif, überreif...

Lieber Herr Lavater, werther Freund.

Ein Ereignis, das Nehracher für kurze Tage aus Schöngeisterei und Werkstattstaub herausriss, ihm das berauschende Gefühl schenkte, ein freier Mann zu sein, war das Aufgebot der Zürcher Truppen nach Genf im September 1792.

Die eidgenössische Stadt Genf, andauernd von Natifs und Habitanten, den ländlichen Untertanen auch, in Atem gehalten, wurde nach der Vereinigung Savoyens mit Frankreich eine Enklave in französischem Gebiet und forderte bewaffneten Zuzug von Bern und Zürich.

Fourier Nehracher, schmuck angetan in der Uniform, zog nicht mit den Kameraden nach Genf, erhielt vielmehr den Sonderauftrag, eine Feuerspritze nach Walenstadt zu bringen, auf einem guten Pferd, gefolgt vom Spritzenmacher mit der Spritze. Nicht diese ehrenvolle und ungefährliche Aufgabe erfüllte sein Herz mit Freude, sondern der Heimritt durch die herbstliche Herrschaft, Rebhängen entlang, vorbei an Burg und Schloss, an Weinkellern, die weit ihre Tore offenhielten. Er wurde vom Landvolk als vornehmer Herr gegrüsst, sein neuer Sattel knarrte, er rastete vor Gasthöfen in umrankten Lauben, die Stiefelbeine weit von sich gestreckt wie ein sorgloser junger Herr.

Kleider machen Leute, sagte er dämpfend zu sich selbst, wenn die Grüsse der Winzer und Äpfelpflücker seiner verborgenen Eitelkeit schmeichelten, aber das, was er für seinen Gerechtigkeitssinn hielt, schrie in sein aufgeregtes Herz, er sei ein Reiter, ein Herr, so gut wie irgendeiner aus der Stadt. – So ritt er glücklich, gehoben dahin, erreichte Rapperswil und trabte munter nach Stäfen zurück, Meldung zu erstatten. Er musste gar nicht erst die Rückkehr der zürcherischen Truppen abwarten, sondern war mit Anerkennung entlassen.

Lieber Herr Lavater, wollte er schreiben, da lockte ihn ein Rest des reiterlichen Übermutes, Hans Jakob zufällig in der Stadt aufzusuchen. Zwei Stunden später schritt er den Oberen Zäunen entlang und zog am Messingfäustchen.

Es sei niemand da als Fräulein Nanette, sagte die Magd, und als er zögerte, erschien sie selbst oben auf der Treppe und herrschte die Magd an, das genüge doch, man solle den Herrn hereinführen.

«Die Tante macht einen Krankenbesuch, Hans Jakob ist beim Magister, und ich langweilte mich», sagte Nanette. «Soll ich Waffeln anbieten? Wein? Wollt Ihr die Raritäten sehen?»

Für Nehracher bedeuteten die Fragen mehr. Sein Herz schlug schneller. Noch immer war er keck vom Reiten, so sagte er, er möchte gern den berühmten Erker von oben sehen. Den Granatapfel.

«Gut», antwortete sie überrascht. Sie stiegen viele Treppen hinauf. Nanette öffnete eine Kammer und stiess das Fenster auf. Nehracher blickte hinunter, lachte. Der Granatapfel zeigte sich aus dieser Höhe morsch eingebrochen und war von Taubenkot verspritzt. Auf dem von der Strasse her so anmutig geschweiften Dach hatte sich Unrat angesammelt. Läppchen, Haarbüschel.

Heinrich presste die Lippen zusammen. Der Satz kam trotzdem: «So sieht von unten vieles schön und edel aus.

Und ist doch morsch und einer Revision bedürftig.»

Nanette stand nah bei ihm: «Wollen wir noch auf den Dachboden? Dort hat es Beigen von alten Kacheln.»

Kacheln fanden sich zwar keine, wie sie heftiger atmend feststellten. Hier standen Kästen und Reisetruhen.

Als Nanette sie öffnete, quoll bunt der Inhalt heraus: alte Kleider und Kostüme, Uniformstücke. Ein Schrank war ganz mit Schuhen gefüllt, regalweise nebeneinander, Kinderstiefelchen mit abgewetzten Kappen, Schnallenschuhe, Reitgamaschen und zierliche Schlupfpantoffeln – schauderhaft im Grunde, diese Schalen fremden Lebens, Bekleidung von Füssen, die längst im Grabe moderten.

«Die Zürcher sind sparsam», spottete Nanette. «Es könnte wieder ein Krieg kommen. Dann wären die Schuhmacher tot und die Damen ohne Schuhe. So nähme ich dann –» sie schlüpfte in einen lila Brokatschuh. Wie eine Herbstzeitlose lag er an ihrem Fuss.

«Hübsch, nicht?» Sie lachte. Heinrich gefiel ihr heute. Vielleicht wurde er berühmt, ein Dichter der neuen Freiheit?

Sie suchte weiter und warf Kleider auf den Boden: einen Reitermantel, Dreispitz und Stiefel für Nehracher. Und Samthandschuhe. Für sich nahm sie einen Schal und löste das Band von den Locken.

Sonnenpfeile stachen durch die staubige Luft und trafen den Schrankspiegel. In ihm sah Heinrich sich verwandelt. Er war ein Reiter, jung und kühn. Nanette berührte seinen Arm: «Ihr seid ein Kavalier – jetzt. Küsst mir die Hand.»

Ein Wirbel fasste ihn, aus dem ihre Augen glänzten. Er zog sie an den Locken in seine Arme und küsste sie. Ihr Gesicht wurde zur Landschaft, über die er mit Mund und Augen dahinflog, und sie flog ihm entgegen. Der Spiegel gab ihnen ihr Bild: zwei leidenschaftliche junge Menschen, ebenbürtig.

Zauber tränkte die alte Luft. Heinrich keuchte. Nanette schien ausser sich – sie lockte und stiess ihn zurück und war die Gefährtin, die das Schicksal ihm bestimmte.

In seinem Taumel hatte er nur einen der engen Handschuhe abstreifen können. Der zweite riss jetzt vom Daumen bis zur Manschette. Nehracher starrte auf die nackte Hand.

«Dein Daumen ist zu breit, Heinrich!» lachte Nanette. Und hörte auf zu lachen, erblasste: Heinrich zerrte den Samt von der Hand, als brenne er.

«Da kommt der Bauernlümmel zum Vorschein, gelt Jungfer. Da hat sie Spass gehabt und noch mehr versucht – und plötzlich ist die Hand zu breit. Am End stinkt der Bursche noch – da muss sie lachen und wird Spass haben, die Geschichte ihren Freundinnen zu erzählen.» Er warf Mantel und Stiefel von sich.

«So lasst mich doch, Nanette!» schrie er in seinem Elend. «Geht und küsst ein feines Stadtmännchen! Es kann euch nicht so tief lieben wie ich. Auch wenn ich nur Nehracher bin. – Aber wisst, ein Weib, das einen küsst zum Spiel – das ist schlimmer als eine Nachtfrau, die zu allen geht.»

«Verzeiht, Nanette, verzeiht!» rief er im gleichen Atemzug. Barfuss sprang er die Stiege hinunter. Nanette trat an den Spiegel. Als das Lockenband geknüpft war, drehte sie sich und hob etwas auf. Den zerrissenen Handschuh.

Nach diesem Auftritt schickte Nehracher Briefe um Briefe an den Freund in der Stadt. *«Wahr ist's, ich darf weder von Ihnen noch von Ihrer Mama Briefe fordern, denn ich bin Ihnen schon allzuviel schuldig. Habe ich gleich noch keinen festgesetzten Plan für die Zukunft und noch keine eigene Hantierung, so kann dieses mit einmal möglich werden, und dann hoffe ich so glücklich zu seyn wie jeder andere. Und liesse sich einst gleich meinen Nachbaren mit einem Baurenmädchen leben, das nichts weiss und nichts kann, wie ungleich besser lebt sich dann mit Nanette, die der Liebe der besten Menschen würdig wäre!»*

Dann, als wäre nichts gewesen, kündigte der junge Lavater an, er werde mit der Cousine eine Theateraufführung besuchen, welche im Badhaus Stäfen gegeben werde.

IV. KAPITEL

Es war die Nachtigall...

Der Tag, an dem der junge Lavater mit Nanette dem See entlang in Nehrachers Dorf fuhr, um eine Aufführung von «Romeo und Juliette» zu sehen, lag mitten im Frühling. Am Horizont hoben sich Wolken von mütterlicher Schwere, es quoll in den Wiesen, Kuckuck zog seinen Kreis.

Hans Jakob kutschierte forsch, schaute um sich und rückwärts zu Nanette auf dem Polster.

«Wie fühlst du dich denn, ländliche Muse?» spöttelte der Cousin. «Wäre unser Held nicht so leicht gebaut, ich würde dich Delila nennen. Nimmst seiner Philosophie alle Kraft. Er kann nur noch seufzen und dichten.»

Nanette schwieg.

Denn Nehracher handelte ohne jedes Mass, er schrieb und beschwor, erwartete, dass Nanette ihn heirate. Was gedacht war als schwärmerische Seelenfreundschaft, dem leidenschaftlichen Wesen Nanettes entsprechend – sollte im Ehebett enden?

Wäre sie eines jener langnasigen, langfüssigen Mädchen gewesen, wie sie alten Familien kurz vor dem Verlöschen noch geschenkt werden, schüchtern und mittelmässig von Verstand, dann wäre der Hafner wohl zu einer vornehmen Gattin und der See zu einem revolutionären Liebespaar gekommen. Nanette aber war eine Waise aus junkerlichem Haus, schön und klug und furchtlos. Sie verachtete die Vorsichtspolitik der Stadt ebenso wie ihre Überheblichkeit und suchte einen Gefährten, anders als die andern. Einen Kämpfer, Verächter, Helden.

Nehracher besass Ansätze dazu, das hatte sie beim ersten Gespräch mit ihm bemerkt, aber er war, wie sie bitter feststellte, mehr edler Mensch als Revolutionär, seine Bescheidenheit und Gottesfurcht schienen geradezu einfältig. Und wie konnte einer aus der Umarmung die Flucht ergreifen, bloss weil sie seinen bäuerlichen Daumen bemerkt hatte!

Nanette fühlte seine Qual mit ihm, ahnte aber auch, dass dieser Mann nicht zu den Erfolgreichen gehören würde, weich, unsicher und demütig, wie er war, dazu dies kindliche Vertrauen gegen Leute jeder Art. Da zeigte sich der Chirurgus Pfenninger aus anderem Stoff, intelligent bis zur Skrupellosigkeit, ein einziges Ziel vor Augen, geschmeidig, vom stolzen Ich panzergleich umgeben. Er war verheiratet, die Liebe konnte ihn nicht vom Weg seiner Politik abbringen. Nanette überlegte. Heinrich täte sich wohl töten aus Liebe zu ihr, aber diese Liebe hatte nicht die Kraft, aus ihm einen siegreichen Helden oder auch nur einen Verschwörer zu machen. Hans Jakob erkannte es, hatte ihr einst gesagt: «Heinrich ist das reinste Gemüt, das ich je angetroffen, ein viel besserer Mensch als wir beide. Kränk ihn nicht, Nanette, es würd ihn umbringen!»

Nanette hatte ihn nicht gekränkt, sondern offensichtlich allen vorgezogen, aber dass er nun dachte, sie könnte ihn heiraten, war absurd. Die Frau Hafnerin!

Dabei aber, als sie nun im Gerüttel der Kutsche die Augen schloss, sah sie ihn als jungen kühnen Reiter, dem Wunschbild am nächsten. Sie spürte die Heftigkeit seiner Umarmung, den wilden Schlag seines Herzens.

Trauer und Zorn erfassten sie. Wieder fühlte sie sich betrogen von Konvention und Erziehung. Sie sprang auf in der Kutsche und packte einen blühenden Zweig, der über die Strasse hing. Aber sie riss so stark daran, dass die Blüten wie Schnee herabrieselten. Sie hielt den nackten Zweig in der

Hand. Damit schlug sie dem Cousin auf den Rücken und sagte kein Wort, bis sie vor dem Bad in Stäfen ankamen.

Kaum war hier noch etwas von der Aufregung zu verspüren, die das Dorf für Tage durchzittert hatte. Man denke, «Romeo und Juliette» sollte gegeben werden, mit Kostümen, Schmuck und Dolchen, mit rosenumranktem Balkon und einem verstellbaren Mond. Nach endlosen Proben wagte Billeter die Premiere, er, Regisseur, Unternehmer und Tybalt in einem, wogend wie ein Orkan durch Saal und Garderoben; er trug schon den Wappenring Tybalts und wies mit der so geschmückten, nicht ganz sauberen Hand auf hundert Dinge, die getan oder anders getan werden mussten. –

Denn Herr Pfarrer Lavater vom St. Peter in Zürich wollte persönlich erscheinen, ebenso vornehme Freunde Nehrachers, dazu der Untervogt von Stäfen mit seiner Frau, und unter den Badgästen selbst befanden sich weitere einflussreiche Städter. Welche Ehre, welche Erwartung! Hänsli Ryffel, der den kleinen Prolog hätte sprechen sollen, verschwand plötzlich und blieb unauffindbar. Die Brötchen hatte er pünktlich fertig gebacken. Wer konnte den Prolog übernehmen? Billeter fand Nehracher und wusste ihn mit süssen Worten zu überzeugen, dass keiner den Prolog so gut sprechen könne wie er.

So wurde auch Heinrich in den Wirbel gezogen, kaum kam er zurecht, als Jakobs Kutsche anrollte und er Nanette aus der Kutsche half. Sie rauschte über das Trittbrett wie ein Wasserfall aus Seide und Spitzen, eine Perlenkette lag in den Locken Die Leute drehten die Köpfe, als sie den Saal betrat.

«Bewahre», dachte Nanette, durch den Saal blickend. «Dies wollen Kämpfer sein, Künder einer neuen Zeit? Diese rührenden Kinder, diese Duodez-Räuber, diese Weber und Melker, die nichts Besseres wissen, als sich so städtisch wie möglich zu geben und zu kleiden?»

«Gefährlich sind im ganzen Haus nur zwei.» Nicht ohne Bewunderung sah sie auf die stattliche Gestalt des Chirurgus Pfenninger, der an einer Säule lehnte, den Kopf mit eckig vorgeschobenem Kinn aufmerksam hin- und herwendend. Er begegnete Nanettens Blick, lächelte ihr höflich zu, verbeugte sich.

Und Billeter, der Danton von Horgen? Der war gefährlich in der niedrigsten Art, ein Mitläufer, ein Mitbrüller, ein Neider mit Lust am Quälen und Zerstören.

Auf einmal wurde es still im Saal, die Lichter löschten aus, bleich ragte die Nase J. C. Lavaters vor Nanette gegen die Bühne.

Als der Vorhang aufging, raunte eine Bewegung durch die Reihen. Auf dem Podium erschien, in seinem gewohnten grünen Anzug, Heinrich Nehracher, der den Prolog sprechen sollte.

Spontane Rührung ergriff die Stäfner, sie klatschten ihm zu. Jeder sah seine besten Gefühle in ihm verkörpert, wie er so hübsch und gerade vor ihnen stand.

Sein Blick schweifte durch den Saal, als er Nanette traf, errötete er und begann den Prolog.

Die Verse erklangen als tragische Wahrheit, für ihn selbst wie für die Gestalten auf der Bühne.

 Ein Liebespaar, von finsterm Stern bedroht,
 Dess traurig unglückselger Untergang
 Der Väter Hass aussöhnt mit ihrem Tod ...

Im Applaus verneigte er sich, trat aber nicht, wie jedermann erwartete, hinter den Vorhang zurück, sondern sprang geschickt vom Podium herunter, um sich bei Nanettes Stuhl aufzustellen, was wiederum zu Raunen und Räuspern Anlass gab. Man hörte Lavater hüsteln.

Dann traten Sampson und Gregorio auf, lärmten Anzüglichkeiten. Das waren keine veronesischen Lakaien, sondern Nachtbuben vom See, die sich Kapriolen erlaubten und grinsend ins Publikum schauten. Auch Romeo wirkte komisch, er war ein hübscher schwarzer Bursch, und bei den Worten: «Wie schade, dass die Liebe, die von Ferne so reizend anzusehen ist, so grausam und tyrannisch seyn soll, so bald sie uns erreicht!» hörte man unterdrücktes Lachen. Das Dorf wusste, dass seine Julia eine habliche junge Witwe war, die ihn um ihre Geldsäcke tanzen liess. Juliette auf der Bühne spielte des Sonnenwirts Töchterlein, fein und geziert, sprach die blumigen Sätze wie ein gutes Schulkind.

Welches Theater, dachte Nehracher. Die besten Schauspieler sitzen im Publikum. Hier vor mir Nanette, meine Julia: «Sie wird von Cupidos Pfeile nicht getroffen werden; sie hat Dianens Sprödigkeit und lebt in der wohlgestählten Rüstung ihrer Keuschheit sicher vor Amors kindischem Bogen», schmetterte der Bühnen-Romeo... Heinrich erkannte mit Schmerz, dass Nanette sich von ihm zurückzog, dass sie seine Liebe kindisch fand, dass sie Taten von ihm erwartete, seinem Charakter fremd: «Wie, so gelassen? O schimpfliche, niederträchtige Gelassenheit! Wollt Ihr Euern Degen ziehen?»

Wie schön Nanette heute war. «So glänzt die schneeweisse Taube aus einem Schwarm von Krähen.» Die Locken hochgebunden, die Augen schimmernd. Der Mund zuckte vor Lachlust, wenn es auf der Bühne turbulent herging; einmal griff sie nach Nehrachers Hand und drückte sie. Ein Lachtränchen hing an ihrer Wimper, als Billeter als grimmer Tybalt gegen Romeo focht und einfach nicht fallen wollte; er tänzelte um des andern Klinge herum, sagte breitspurig «Hoho!» und bedrängte den Bühnen-Romeo so heftig, dass ihm Sonder-Applaus zurauschte. Dann erst starb er.

Noch einer lachte im Publikum, das war Chirurgus Pfenninger. Die Spannung, die ihn gepackt hatte, wurde gelockert von seinem Sinn für das Komische, als er sah, wie selbstzufrieden Billeter als Toter unter den Lidern hervorblinzelte, wie sich sein Bauch unter einem gewaltigen Rülpser hob.

Auch Pfenninger war ein guter Schauspieler im Dunkeln. Nur Nehracher wusste, dass der beherrschte Mann auf der Lauer stand, dass ihm kein Türenschlagen, kein Schritt im Korridor entgingen. Aber wen erwartete er? Diese Ungeduld! – «Komm, Strick-Leiter, komm Amme; ich will in mein Braut-Bette!»

Und Hans Jakob, dachte Heinrich weiter, welch gewitzter Paris! Welcher Freund der guten Gelegenheit, dieser junge Lavater. Morgen früh wird er nach Lausanne verreisen, weil es in Zürich gespannt wird und der Herr Vater die Correspondenz mit einem Mann vom Land kompromittierend findet. Welch böse Lady Capulet, die Frau Lavater, die Nanette von Nehracher wegzieht.

Wo im Publikum sass Pater Lorenzo? Milde glänzte Pfarrer Lavaters Nase ihm entgegen; der edle Mann schien ganz vertieft in das Geschehen auf der Bühne. Käme Rettung von dem Manne, sollte Nehracher ihm vertrauen?

Welch kläglicher Romeo war er selber. «Der Kummer trinkt das Blut in unsern Wangen auf.» «So biet ich euch Trotz, ihr Sterne. Geh, hole mir Tinte und Papier.» Das Schreiben war die einzige Waffe, die Gott ihm gegeben, und er wusste sie nicht zu nutzen. Er seufzte, riss den Blick von Nanettens Nacken, mied die Bühne und sah dafür mitten im Publikum eine Verschwörerszene:

Pfenninger an seiner Säule hatte die Augen geschlossen, sein Unterkiefer stand heraus und gab ihm das Aussehen eines schlafenden Löwen. Eine Tür klappte, dann stahl sich Hänsli Ryffel durch die Zuschauer zu ihm, dreckig, verschwitzt. Pfenninger öffnete die Augen, riss den Kleinen am Ärmel hinter die Säule, beugte sich herab und lauschte so gespannt, dass sein Mund sich öffnete. Dann, mit einem tiefen Atemzug, ging eine Entschlossenheit von ihm aus, die der des rasenden Romeo auf der Bühne kaum nachstand: «...beym Himmel, so will ich dich Gelenk für Gelenk in Stücke reissen. Die Zeit und meine Absichten sind grausam und wild, grimmiger und unerbittlicher als blut-lechzende Tyger und die heulende See...»

Als Romeo sich zu Juliette in die Gruft legte, war Pfenninger verschwunden.

Jemand wand sich durch die Stuhlreihen des finsteren Saales. Auch ohne den Kopf zu drehen, wusste Nehracher, wer neben ihm stand, Billeter-Tybalt im Geruch nach Fusel und Schweiss. «Schnell zu Hänsli ins Kontor», blies Billeter, noch ganz in seiner Rolle, Nehracher ins Ohr und trappte hinter die Bühne zurück, um beim Schlussapplaus dabeizusein.

«Geht, und erwartet unsre Entscheidung, was in diesem unglücklichen Handel Strafe und was Verzeihung verdient», dröhnte des Bühnenfürsten Schlusswort, und Heinrich erschrak. Der Satz von Strafe und Verzeihung schien in naher Zukunft für ein Volk bereit zu liegen, dessen Führer dabei waren, die Fackel in längst geschichteten Holzstoss zu werfen.

Nun klatschte es mächtig los im Saal, die Begeisterung kannte keine Grenzen. Die Schauspieler verbeugten sich. Blumen lagen vor ihnen, Weinflaschen, Würste. Billeter gestikulierte wild, besann sich und legte die Hand aufs Herz.

Der Dunst im Hause wurde unerträglich, und Heinrich geleitete seine Gäste hinaus in die monderfüllte Allee. Dort war aufgetischt, man trank im Stehen Clevner und ass Spanischbrot. Zum Verweilen war die Nachtluft zu kühl.

Pfarrer Lavater gesellte sich zu ihnen, lobte Nehracher. Er habe gut gesprochen, überhaupt sei die Aufführung bemerkenswert. «Welche Empfindung, mein Herr, in diesem ungebildeten Volke», bemerkte er zu Hans Jakob und wandte sich gleich wieder an Nehracher: «Ich vermisste meinen Kunscht-Meyer. Warum kam er nicht zum Theater?»

Nehracher schwieg. Der Kunscht-Meyer war, ein Brief berichtete es auch Hans Jakob, sehr wütend auf Pfarrer Lavater, weil er ihm römische Kleinbronzen beschädigt habe.

Lavater beobachtete ihn, fand heute in diesem Gesicht nicht so sehr den Zwiespalt zwischen Apoll und Kuhhirten, sondern eindeutig die Züge Don Quichottes und verwunderte sich.

Nanette fröstelte. Sie griff nach Heinrichs Arm, drückte ihn sogar und sagte ebenfalls Artigkeiten über die Schauspieler, hatte aber das Lachen in den Augen und wartete, dass er einstimme. Sie wies auf den Mond: «Das habt Ihr mir nie gesagt, was Herr Wieland so traulich übersetzte: ‹Fräulein, bey jenem himmlischen Mond schwör’ ich, der alle diese fruchtvollen Wipfel mit Silber mahlt...»

«Nanette», sagte er gequält.

«Gut, gut, wir gehen schon. Hans Jakob!»

Der junge Herr Lavater stand bereit, seine Augen glitten hurtig vom Freund zur Cousine. «Ich seh euch noch, mein Heinrich, bevor ich Zürich verlasse. Es war ein unvergleichlicher Abend, gewiss. Wir danken euch.» Weltmännisch half er Nanette in die Kutsche.

Und Nanette beugte sich zurück zu Heinrich, flüsterte: «Es war die Nachtigall und nicht die Lerche – ach mein Freund, ich lieb euch ja, aber seid nicht so serios. An Heirat ist nicht zu denken. Vergesst mich ein bisschen. Lebt wohl.»

Die Kutsche rollte stadtwärts. Heinrich schritt an Essern und Lachern vorbei auf dem mondbeschienenen Weg zu Hänslis Backstube.

V. KAPITEL

Versuchung und Versuch

Licht drang durch die Ritzen der Fensterläden. Im Garten war es still. Ein kleiner Wind strich aus dem Wald zum See. Es roch nach Brot.

Nehracher stand vor dem Schuppen. Er wartete. Die Feuchte des Grases drang durch seine Schuhe, der Wind blies in sein Hemd. Ihn fröstelte, er hatte Mühe, den Husten zurückzuhalten. Er spürte mehr als er wusste, dass der schöne Teil seines Lebens von ihm fiel, dass er arm war wie nie zuvor, verzweifelt bis zur Gleichgültigkeit. Wie hatte er glauben können, Nanette könnte ihm gehören? Zu lange schlürfte er an dieser Selbsttäuschung, liess sich loben, küsste sie – und sie studierte auf ihre Art Landvolk an ihm, vollendete, was Hans Jakobs Correspondenz begonnen. O welch ein Narr er war, welch eitler Tor.

Siedehitze breitete sich von seinem Herzen aus über Hals und Gesicht, er erkannte mit Entsetzen die Grösse eines unbekannten Hasses. Wie ein böses Tier, das zusammengeringelt an seinem Herzen geschlafen hatte und nun erwachte, sich blähte und alles verschlang. Beide Fäuste an den Schläfen, lehnte er an der Mauer, starrte und sah im Geist die Stadt mit ihren Türmen und Brücken dahocken wie eine Spinne, grau und plump. Die süssen Reden der Städter, seine Gedichte zu loben, die Augen Nanettes, sie spannen goldene Fäden, die ihn nun tödlich umschnürten. Er versuchte, auch das Mädchen in dieses Meer von Hass einzutauchen, aber sie schwebte darüber, war ernst und traurig wie damals im Eckzimmer, und er ersäufte die Stadt darum doppelt, weil sie, dies Spinnen-Ungeheuer, auch Nanette nicht frei leben liess.

«Mein Gott, mein Gott», stöhnte er, noch immer in der Hitze dieses Hasses. «Du verlässt mich ganz und gar. Mich bedrängt der Atem der Hölle.»

«He», rief er gleich darauf und polterte mit der Faust an den Fensterladen.

«Wer da?» kam Pfenningers Stimme so scharf, als sei man mitten im Krieg.

«Ich bin's, Nehracher. Man wird wohl noch klopfen dürfen, oder?» So patzig fiel es von seinen Lippen, dass Pfenninger erstaunt die Tür öffnete, den Erhitzten hereinliess und prüfend die Luft einzog. Er glaubte erst, der Freund sei betrunken, erkannte dann den ungewöhnlichen Seelenzustand: «Dein Haar ist feucht, Heinrich, ich hab dir doch verboten, nachts herumzulaufen. Das ist schlecht für die Brust», sagte er und führte den Erschöpften zu der Bank am Fenster.

Er selbst zog eine Stabelle heran, setzte sich rittlings darauf und sah dem Freund ins Gesicht. Ryffel holte ein Glas, schenkte aus der Kugelflasche ein. Heinrich bemerkte erst jetzt, wie verändert der Freund aussah. Das Gesicht war fleckig gerötet, die Haare standen wirr um den Kopf, seine Hand zitterte. Der Mund aber, dicker, freundlicher Fischmund sonst, war jetzt zu einem Strich zusammengepresst, verlieh ihm fremde Entschlossenheit.

Pfenninger beobachtete beide; es war der kühle Blick des Arztes, der schaut, wo er das Messer ansetzen muss.

«Ryffel hat die Waldmannischen Briefe gefunden», sagte er.

Nehracher blickte auf.

«Ein Schulmeister von Küsnacht hatte sich spät noch in Bülach eingeweibet und das Dokument mitgenommen. Hänsli fand es bei einem der Enkel in Bülach, zwischen ausgeschnittenen Papiersoldaten und Musterbüchern. Sind alle vierzehn Siegel noch daran, und lesen kann man jedes Wort.»

«Wo ist der Brief?» fragte Nehracher. Der Freund nahm feierlich eine Pergament-Rolle aus der Schublade, öffnete sie, beschwerte die Ecken mit Gewichtsteinen.

Die drei Männer schwiegen eine kurze Weile. Als endlich Nehracher sich niederbeugte, um zu lesen, kam Hänsli ihm zuvor, blickte auf das Dokument wie auf eine schlafende Geliebte und las:

«Wir diser nachgenembten siben ortten der Eydgnossen räte, von stetten unnd lenndern...»

Ihm, dem alte Schriften so viel bedeuteten, ging die umständliche Sprache ein wie ein Schluck Milch, aber er unterbrach sich, als er Nehrachers Ungeduld bemerkte, und wies mit dickem Finger auf jeden der 33 Artikel, unterstrich die Wichtigkeit einzelner mit erhobener Stimme:

«Freier Zug ist erlaubt...

«Jeder kann sein Handwerk auf dem Land treiben und sich setzen, wohin er will.»

«Dass ein Jeder das Seine zu Markt führen und tragen, kaufen und verkaufen mag, wo und an welchem Ort und Enden einem Jeden füglich und eben ist.»

«Dass die am Zürichsee jagen dürfen wie die Bürger, ausgelassen der Sihlwald und der Albis.»

«Dass Jedermann mag Reben einlegen...»

«Dass man in den Bächen fischen möge wie von alters her...»

Ryffels Finger bewegte sich pflügend durch die Zeilen, jetzt stand er still am letzten Blatt: «Unnd das alles zu warem unnd ewigem urkund», war da zu lesen, «...die zu Zürich in der statt geben sind an dem nünden tag des monadts meyen nach Christi Geburt tusent vierhundert unnd im nün unnd achtzigsten iar.» Er blickte auf, die Augen voller Tränen.

«Ist das nicht wunderbar?» flüsterte er: «Und das alles zu wahrem und ewigem urkund...» Er wandte sich ab zu heftigem Schneuzen.

«Das Wunderbare ist» – auch Pfenninger war bewegt – «dass wir nun eine Legitimation für unser Begehren haben. Keinesfalls dürfen wir als Aufrührer und Rebellen angesehen oder gar getürmt werden. Wir fordern zurück, was unser war.»

«Und darum wirst du, Heinrich, eine Bittschrift, ein Memorial, an die Regierung verfassen und höflich all das verlangen, was sie uns seit Jahrhunderten vorenthält.»

Nehracher erschrak, wich vor Pfenninger zurück zum Fenster. Pfenninger stand fast drohend vor ihm.

«Ich?» fragte Heinrich, «aber ich habe doch mit Politik so wenig Erfahrung. Es liegt mir auch gar nicht, jetzt öffentlich hervorzutreten, wirklich. – Das soll der Hänsli schreiben, der weiss genug, oder du Pfenninger, bist ja doch der Meister, oder meinethalben soll's der Billeter versuchen. Mich lasst aus dem Spiel. Ich kann nicht.»

«Der Hänsli», erwiderte Pfenninger mit einem schnellen Blick auf den Beck, der sorgfältig das Pergament zusammenrollte, «der Hänsli kann nicht schreiben und nicht reden, das wissen wir alle. Und ich bin von der Stadt schon genügend verwarnt worden, ich muss mich jetzt still halten, wenn wir Erfolg haben wollen. Billeter kommt nicht in Frage, der hat wohl ein gutes Maul, aber so viel Dreck am Stecken, dass wir ihn für diese heilige (so sagte er und meinte es) Angelegenheit nicht brauchen können. Nur du, Heinrich, bist eine integre Person, der man auch in der Stadt die reinen Absichten glaubt. Und du weisst selbst, wie gut und gewählt deine Feder ist.» Die Schmeichelei war noch nicht stark genug. So verdoppelte der Arzt die Dosis:

«Weisst du denn nicht, wie Ruhm dich später umglänzen wird, da du der Freiheit den Weg erschlossen? Da geht Nehracher, werden die Kinder sagen, er hat die Stadtväter zur Vernunft gebracht, ihm verdanken wir alles, was wir heute geniessen, Schule, Krankenhäuser, Wohlstand weit und breit...»

Nehracher hustete. Es war heiss im Raum vom Backofen, zum Ersticken.

«Wir helfen dir», drängte Pfenninger, «ich gebe dir zwei theoretische Aufsätze von mir: ‹Der Staat als Familie› und, wenn du willst, etwas, das ich einmal über das unveräusserliche Menschenrecht geschrieben habe. Der Hänsli kann eine historische Zusammenfassung über die Verdienste des Landvolkes um das Vaterland machen. – Ich arbeite mit dir auch jeden Beschwerdepunkt durch. Wir brauchen nur deinen guten, deinen als Dichter bekannten Namen, begreifst du nicht?»

Die Hitze, der Hass wurden unerträglich, drangen hinter Nehrachers Augen. Plötzlich barst es aus ihm heraus, wie wenn eine Eiterbeule platzt.

«Reine Absicht!» höhnte er. «Zeig mir hier auf der Landschaft einen reinen Mann, einen, der nicht für niedrigsten Selbstzweck kämpft. Macht will jeder haben, Geld, ein nobles Amt, eine Städterin für sein Bett – o ich hasse die Stadt, aber ich hasse auch die Menschen in den Dörfern, ich hasse dies verfluchte heuchlerische Jahrhundert, seine Schönrednerei, seine Gier, seine Beschränktheit!»

«Kann ich, ein Hafner mit schmutzigen Händen, überhaupt reine Absichten haben? Ich will kein Memorial aufsetzen, aber ich will vor die gnädigen Herren stehen und brüllen wie ein Stier. Schickt mich, ich stecke die Stadt in Brand, ich ersteche den Bürgermeister, springe vom Dach des Rathauses. Jetzt ist genug geredet, jetzt wird etwas getan, der dreckige Leimentreter will etwas tun...»

Seine Stimme hallte durch das Stübchen; Speichel troff von seinen Mundwinkeln. Mit beiden Fäusten schlug er die Tischplatte.

Hänsli schüttelte entsetzt den Kopf. «Gewiss hat ihn ein toller Hund gebissen», sagte er halblaut zu Pfenninger, «wie lieb ist er sonst, ein guter Mensch, kann keine Fliege töten!»

Pfenninger legte dem Rasenden die Hände auf.

«Wirst du das Memorial schreiben, ja oder nein?» fragte er.

Ernüchtert schaute Nehracher auf. Seine Hände sanken herab, der Mund stand offen, er wirkte töricht und rührend.

«Verzeiht mir, Freunde», sagte er leise. «Ich weiss nicht, was über mich kam. Aber eines weiss ich: Solang ich diesen Hass nicht bekämpft habe, der mir seit heut die Galle sticht, solang kann ich nicht für euch schreiben. Lebt wohl.»

Er gab ihnen feierlich die Hand und ging.

«Wo Hass ist, ist Liebe», Hänsli steckte die Daumen hinter seine Hosenträger. «Lass diesen Stürmi ausbrausen, dann tut er alles, was du willst. Aber eins sage ich dir: Heiss ihn nichts Schlechtes tun. Es könnte dich reuen.»

Überrascht blickte ihn Pfenninger an. Das waren neue Töne bei Hänsli. Die beiden massen sich eine Weile, dann lachte Pfenninger. Er schlug des andern runde Schulter und ging in die Nacht hinaus wie einer, der genau weiss, was zu tun ist.

Nehracher verbrachte eine elende Nacht. Nicht nur Freund Lavater und Nanette, Gott selbst hatte ihn verlassen, ihn den Teufeln des Neides und des Hasses übergeben.

Wie lebte er noch gestern glücklich in seinem Stübchen, das in der Frühlingswärme knackte, er tat sein Tagewerk heiteren Gemütes und zündete des Nachts sein Lichtlein an, schrieb an einer Elegie auf Gessners Tod oder zog Lavaters Briefe aus der Lade, sie wiederzulesen. Und Gott lächelte auf ihn herab, schenkte ihm Empfindung und

Dankbarkeit, das Bild Nanettens als zärtliches Versprechen der Zukunft.

Nun lag diese Herrlichkeit in Scherben, die Schöpfung war teuflisch verzerrt.

Was wollte Gott von ihm, dass Er ihm seine ganze Erbärmlichkeit so deutlich, so verachtungsvoll zeigte, ihn in heissem Hass untergehen liess, all seine geschriebenen Werke als lauen Selbstbetrug, als Lügen ausweisend, geschmiert über das Bewusstsein seines Unvermögens?

Heinrich stöhnte. Wessen Flüstern war es, das ihn drängte, das Memorial zu schreiben – ein guter oder ein böser Engel? Sollte er ausersehen sein, Bannerträger, Stimme der Freiheit zu werden – oder war es ein Teufel der Ehrsucht, der ihn auf trügerische Brücken zog?

Er betete in die Leere hinein. Dann trübte die Hitze wieder sein Bewusstsein. Er wollte sie nicht mehr an sich herankommen lassen, kroch in sein Gebet wie in eine Hütte bei nahendem Sturm.

Endlich merkte er, dass sein Zimmer von Rauch erfüllt war, von Brodem, der nicht aus seinem Körper kam. Er hastete in die Werkstatt hinunter, da stand der Brennofen, ächzend vor Hitze, Rauch quoll aus der geborstenen Mauer. Das Innere glühte wie Metall.

Zusammen mit Vater und Bruder gelang es Heinrich, den Brand zu löschen, dessen Ursache ein Rätsel blieb. Eine Ladung Kacheln und allerlei Geschirr für den Elgger Jahrmarkt waren durch die übergrosse Hitze zerstört; die Frontmauer des Ofens selbst zeigte grosse Risse. Für drei Tage mindestens war der Ofen nicht zu gebrauchen.

Heinrich aber dachte, dies sei ein Zeichen, gut oder böse.

Am Morgen, als Pfenninger ihn aufsuchte, sagte Nehracher, dass er sich daran mache, das Memorial zu verfassen. Über Nacht sei der Brand in seinem Ofen ausgebrochen und er ohne Arbeit.

Pfenninger glänzte triumphierend auf, eilte und kam zurück mit einer Beige von Zetteln und Abschriften, mit einer Flasche Medizin auch, die er strenge einzunehmen befahl.

Böse Freude hockte neben dem Dichter. Während Vater und Bruder den Ofen reparierten, sass er und schrieb: Die Worte flogen und krochen heran, fügten sich zu gefälligen Gruppen, die Sätze flossen ihm zu. Er musste kaum korrigieren, die Feder liess leicht sich spitzen, nie ging der Vorrat an Papier aus. Wie die Worte sich verstellten, andere Bedeutung annahmen, wie Begriffe sich zerdehnen liessen! Wohltat wurde Schandtat, Freiheit Schmach.

Nach drei Tagen war er fertig. Er hatte das Memorial geschrieben, *«Wort zur Beherzigung an unsere theuersten Landesväter»* hiess der Titel. Der Hinweis auf gefundene Freiheitsbriefe begleitete den Text wie eine Fanfare. Die sieben Klagen wurden Triumph: Wie fähig, tapfer und intelligent war das Landvolk! Honigseim süsser Schmeichelei für die gnädige Regierung verband die Sätze.

Pfenninger war ausser sich vor Freude. So sarkastisch hatte er den Freund nicht eingeschätzt; es gab in der Schrift Passagen von der Wirksamkeit eines Pamphlets, dann diplomatisches Scheingefecht, es gab Patriotismus im Übermass und biedermännische Treuherzigkeit.

Der Chirurgus wollte die Blätter gleich mitnehmen, um sie zu kopieren, aber Nehracher sagte mit eigentümlichem Lächeln, er müsse sie über Nacht noch durchsehen. Der Freund zuckte die Achseln, schaute ihm in das bleiche Gesicht und verliess ihn.

Sobald er allein war, stiess Nehracher das Fenster auf. Die Grillen schrien. Sein Garten hing überschwer von Dolden über den Zaun. Lilien rochen wie Verwesung zu ihm herauf.

Er schlief. Er hatte keinen Traum, versuchte nicht einmal, Gott zu erreichen, aber in der Frühe, als er erwachte, wusste er, was er tun musste. Der Morgen war anders als der Albdruck der letzten Tage. Kühl strömte die Seeluft herein. Alles war Erwartung, blankfrische Erfahrung: das Knallen von Peitschen in der Morgenstille, Gehämmer, das über den See hallte, das Tapptapp von Holzschuhen auf dem Pflasterweg.

Er konnte atmen ohne Schmerz. So stand er auf, nahm den eng beschriebenen Papierstoss und tappte barfuss die Stiege hinunter. Durch die Werkstatt ging er zum Brennofen, den Vater und Bruder repariert hatten.

Der Ofen, sonst gutes Arbeitstier, sah heute lauernd aus, eine kleine Höllenpforte. Ohne Besinnen ging Heinrich auf ihn zu, stopfte das Memorial in ein Reisigbündel, warf es in den Ofen und zündete es an. Ein Knistern und Knattern hob an, der Ofen verschlang sein Werk.

Als Vater und Bruder erschienen, sagte er, ihm sei sehr leicht. Dem Pfenninger, wenn er komme, möge man ausrichten, das Memorial sei dort, wo es hingehöre. Er könne heut niemanden sehen; wenn es dem Vater recht sei, wolle er Tonerde graben bei Käpfnach.

VI. KAPITEL

Nanette

Heinrich ging durch den einsamsten Sommer seines Lebens. Der städtische Freund hatte die Correspondenz abgebrochen, tummelte sich, wie man hörte, unter Kunscht-Meyers Führung in Rom. Von Nanette kein Wort. Pfenninger und Hänsli Ryffel mieden ihn. Nur Billeter setzte sich manchmal mit Frechheiten und Dorfklatsch zu ihm.

Er war krank, er hustete Blut. Vom Memorial sprach keiner. Langsam legte sich der Hass und schlief in seinem Herzen ein.

Seine theoretischen Schriften wuchsen an. Er schrieb über Stolz und Menschenliebe, über Eifersucht und Aberglauben, über die Grösse Gottes in der Natur. Alle Blätter legte er in seine Lade, ohne sie jemandem zu zeigen. Dabei genas er, erfreute sich eines innigen Gleichgewichts. Er sass nach der Arbeit am Ufer beim Kehlhof und sah die Natur wieder wie vor der Heimsuchung: Der See roch lau, die Schwüle des Tages legte sich, erste Kühlung floss aus Blatt und Baum zum Klang einer Weidenflöte.

Der Tag hatte Kopfschmerzen gebracht, die vergingen für ein Hochgefühl, das Körper und Seele ergriff. Er spürte Kraft in sich, er würde berühmt werden, ein junges Genie – und Nanette würde ihm zulächeln, vor aller Welt sich zu ihm bekennen.

Er sprang auf und machte ein paar Schritte – schon sah er das Bild: Nanette kam herein mit ihrem grossen Hut. So erschien sie am unnahbarsten – er sah sich auf sie zugehen, künftig und alle Tage, ihr den Hut abnehmen und das ruhig zärtliche Gesicht küssen. Ihm war, er höre ihr Herz klopfen in der Nacht.

Sie war wieder da, eine verführerische Nanette, die ihn Nacht und Tag verfolgte, Schamlosigkeiten flüsterte und die Städter verhöhnte. Dabei, so sagte er sich mit verzweifelter Vernunft, war sie vielleicht schon verheiratet, lag unter der Decke mit einem Ebenbürtigen, legte seine Hand auf ihre Brust.

Die Ruhe war wieder gestört, und schlimmer als gegen den Hass war gegen diese Liebe zu kämpfen, gegen das Leben selbst, alle schönen Dinge, sogar die Stadt mit ihren Studierstuben und Sammlungen, mit ausgestopften Ebern und getrockneten Eidechsen.

Er kämpfte schlecht. Zwar schrieb er einen Monat lang an der Abhandlung *«Gegen die Wollust»*, gegen das erniedrigende Drängen des Fleisches, das Überborden einer Leidenschaft, *«die, wenn sie in ihren gehörigen Schranken bleibt, und durch viele Seigen geläutert wird, eine artige Liebe gebiert, und zur Fortpflanzung des Menschengeschlechts unentbehrlich ist»*.

Es frommte nichts. Sah er doch die volle Natur Orgien feiern; er griff im Laub nach Birnen, und sie rundeten sich wie Brüste in seiner Hand. Er erschrak, wenn sie abfielen. Das Kraut im Garten schnellte Samen bei jeder Berührung. Wie grosse helle Bäuche lagen die Kürbisse im verschobenen Blätterkleid.

Die Natur, von ihm in Aufsatz und Gedicht gepriesen als Tochter des Himmels, gütige All-Mutter, Beispiel der gelassenen Wandlung – sie wurde in diesen Tagen zur Dirne, die sich allen öffnete.

Er betrank sich zum erstenmal in seinem Leben, sass in der Schenke mit offenem Hemd, der blonde Flaum auf seiner Brust glänzte feucht. Billeter wand ihm einen Kranz von Weinlaub und pries ihn als Dionysos, spielte selbst in unflätiger Weise den Silen. Billeter trieb ihm auch ein

Nachtmädchen zu, das am Morgen den schicklichen Weggang verschlief und die Familie störte.

Als Pfenninger ihn doch einmal besuchte, vorsichtig über die Fortschritte des politischen Unternehmens redete, darüber, dass in Horgen und Pfäffikon, in Knonau, tüchtige Männer die Landleute aufrüttelten, hörte Nehracher höflich zu, sagte aber kein Wort. Pfenninger hatte aus Geigern, Branntweinkrämern und Viehtreibern, die durch Dörfer zogen, nicht ganz saubere Missionare für seinen Feldzug gewonnen; sie schwatzten auflüpfisch und verteilten Flugblätter. Sie sangen: «... das Volk an diesem See / es kennt nur seine Menschenrechte / will nicht sein Sklav und nicht sein Knechte...», was um die Sauserzeit zum Kehrreim in den Trinkstuben wurde.

Einmal wurde Pfenninger von einem Hustenanfall des Freundes unterbrochen. Der Arzt vergass Politik, bemerkte das rotgefleckte Taschentuch, berührte die feuchte Stirn.

«Heinrich», sagte er, «du solltest dich schonen, die Medizin nehmen, nicht in der Nachtluft sitzen – und überhaupt, schick das Mädchen fort, es ist ein übles Ding, macht dich lächerlich im Dorf. Denk an deine Sendung: du wirst Dichter der neuen Ordnung sein!»

«Es ist mir ganz gleich zu sterben», antwortete Heinrich. «Ich habe Einblick in die Vollkommenheit gehabt und in die Sünde geschaut. Ich weiss, dass ich kein grosser Dichter werde. Ich weiss, dass meine Hand nicht adelig wird, auch wenn sie die Schwielen verlöre. Lass mich, Kaspar, lass mich auf meine Art zur Ruhe kommen.»

«Ich mache mir Sorge um Nehracher», sagte Pfenninger bei einer Zusammenkunft zu Hänsli Ryffel. «Diese Apathie ist nicht die Krankheit allein, nicht das Schweigen des Herrensöhnchens in der Stadt. Da sitzt ein anderer Wurm an seinem Herzen.»

«Der Wurm, wenn ich so sagen darf, ist die Demoiselle Nanette», antwortete Hänsli bekümmert. «Ein schönes

Frauenzimmer, und hat dem Heinrich Augen gemacht damals in der Lesegesellschaft. Jetzt serbelt der Hafner, ist liebeskrank – aber gell, in der Stadt ist das halt anders. Da sieht man durch das schönste Gedicht hindurch den breiten Daumen, so die Feder hielt, und wird prüd und schicklich, auch wenn man vom Landleben geschwärmt hat.»

Pfenninger wurde hellwach. Seine besondere Art von Intelligenz, die schwache Stelle eines Menschen, sei sie leiblicher oder seelischer Art, zu erkennen und dort sein Mittel einzusetzen, bald Arznei, bald Schlimmeres, das seinen Zwecken diente, wies ihm den Weg, Nehracher zurückzugewinnen.

«Nehracher wird ein neues Memorial schreiben, kannst sicher sein», sagte er im Aufstehen und schwang den Rock über die Schultern.

Hänsli erschrak. Er ahnte, dass Pfenninger sich weit von ihnen entfernt hatte, dass er in einer eisigen Zone von Selbstzweck stand. Dass er Macht wollte, und zum Erreichen dieser Macht Liebe, Freundschaft und Einzelschicksale auf ihre Wirksamkeit hin prüfte wie Gift und Gegengift.

Es geschah nicht lang darauf, dass eine Magd im Haus «Zum grossen Erker» mit dem Stiel ihres Besens so heftig rückwärts gegen den Ofen im Eckzimmer fuhr, dass die Kachel gänzlich zerstört und Nehrachers Werk somit reparaturbedürftig wurde.

Frau Lavater liess den Hafner rufen – Hans Jakob befinde sich wohl in Rom, besten Dank – und war freundlich, entschuldigte sich, dass sie seine Briefe nicht beantwortet habe, aber diese Zeiten. So lieb ihr Nehracher sei, wolle ihr Mann nicht in Verdacht kommen, die Familie sympathisiere mit dem Landvolk. Darum, er verstehe.

Wieder bot sie Waffeln an. Sie bat um möglichste Eile bei der Reparatur. Dann liess sie ihn allein.

Nehracher zog den Rock aus, bestürmt von Erinnerungen an den ersten Tag in diesem Hause, an Hans Jakobs Angebot einer Freundschaft – und an Nanette.

Nanette. Die Wandlungen ihres Gesichtes, das Lächeln, ihr Besuch in Stäfa, das Kleiderspiel auf dem Dachboden, ihre Gespräche – und jetzt ihr Schweigen seit neun Wochen.

Nehracher begann die zerstörte Kachel zu kopieren; das Zimmer verwandelte sich wie einst. Puttenköpfe stachen durch den Stuckhimmel, und der eingelegte Boden schickte ihm Treppen entgegen in unbekannte Räume.

Da öffnete sich die Tür. Nanette stand auf der Schwelle, im Reitkleid, den Hut auf den Locken, die Augen gross und glänzend. Wie ein Traum.

Er könne doch reiten? fragte Nanette, die Stimme spröd wie bei der ersten Begegnung. Sie müsse heute nach Meilen in die «Seehalde», und der Reitknecht habe die Hand verstaucht. Ob er sie begleite? Die Tante erlaubte es.

Gut denn, als Reitknecht. Nehracher legte den Pinsel ab, sah an sich herunter und bemerkte, in diesem Anzug könne er nicht reiten, das sei des Fräuleins nicht würdig. Aber auf dem Estrich, soviel er sich erinnere, habe es Reitstiefel, wie gemacht für ihn.

Er sah mit böser Genugtuung, wie sie sich auf die Lippen biss. Sie ging selber, das Schuhwerk zu holen.

Im Hof brachte der verletzte Reitknecht Hans Jakobs Schecken und den Falben Nanettes. Sie ritten vorsichtig zum Stadelhofer Tor, erreichten das Horn und dann bergwärts die Höhe von Zollikon.

Der späte Sommer lag herrlich über dem Land. O dies geruhsame bäuerliche Leben, Fuhrwerke mit Ochsen bespannt, Kinder ringelreihend vor dem Kirchhof, Geruch des Emdes in breiten Schwaden! Jedermann, wenn sie vorbeiritten, grüsste untertänig, die Kinder knicksten im Strassenstaub. Nehracher schoss das Blut ins Gesicht.

«Zum Wald hinauf», rief Nanette kurz, spornte das Pferd, so dass Heinrich, zwischen Kavalier und Reitknecht drei Schritte hinter ihr, kaum zu folgen vermochte.

Über dem Küsnachter Tobel sprang Nanette vom Pferd, band es fest und hiess Nehracher neben sich auf einen Stamm sitzen.

Er schüttelte den Kopf und stand während der Rast vor ihr, breitbeinig, sein Peitschlein schlug die Stiefel, wie er es bei Hans Jakob gesehen hatte.

«Mein Freund», begann sie zögernd.

Nehracher schwieg, er genoss seinen Trotz, weil er darin einen Ausbruch von Leidenschaft spürte wie Sommergewitter. Ihm war, dies sei der letzte Tag seines Lebens, ohne Morgen, ohne Zukunft, Ende der qualvoll vertanen Monate.

«Seid Ihr mir böse?» fragte sie, blickte ihm von unten her ins Gesicht. «Ihr wisst doch, wie es mit Frauenzimmern ist. Die sind nicht stark genug, gegen den Strom zu schwimmen. Was soll ich die Liebe zu Euch wachsen lassen wie einen Baum? Könnte ich Euch etwa heiraten? Könnte ich Eure Geliebte werden? Nichts für Euch und nichts für mich, mein Freund. Gehorchen wir den Gesetzen der Gesellschaft, so sehr sie denen der Natur zuwiderlaufen. Die Liebe, habe ich gelernt, ist Vergnügen, die Ehe aber Verpflichtung Eltern und Enkeln gegenüber.»

Und da Heinrich immer schwieg, auf das Hämmern seines Herzens hörte, schürzte Nanette das Reitkleid und stieg auf. Heinrich folgte ihr, sah den Schleier ihres Hutes zurückwehen, sah die Absätze ihrer Stiefelchen.

Kurz vor Meilen hielt Nanette wieder an, begehrte in einem Wirtshaus einzukehren und zu trinken. Er sass mit ihr in einer Reblaube. Nanette hob das grobe Glas und sah ihn über den Rand hinweg an. Männer schritten an ihnen vorbei zur Hinterstube. Sie redeten leise. Nehracher folgte ihnen mit dem Blick.

Nanette verzog den Mund, als sei der Most zu herb, und stand auf. Sie führten die Pferde am Zügel durch den Waldweg; der Mond schien durch die Bäume, trüb leuchteten Wasserlachen auf. Nehracher war, er wandere durch die Nacht seines eigenen Herzens.

«Sagt doch etwas, um Gottes willen!» rief Nanette. Und er, die Hand am Hals des Pferdes, das warm schnaufend neben ihm ging, sagte, wie Abschluss langer Gedanken:

«Der Winter gehört euch. Da schliesst ihr euch in die schönen Häuser ein, und wenn einer draussen wartet, sieht er Kerzenhelle im Saal und weiss, hier feiern sie Ball und Unterhaltung, durch Mauern vom gewöhnlichen Volk getrennt. Oder ihr fahrt in Pelz verpackt auf klingelnden Schlitten zu Verwandtenbesuch und Lustbarkeit, steht fein und kühl in der Kirche. Unsereins bekommt euch selten zu sehen, immer seid ihr hinter Schleier, Pelz und Glas. –

Aber der Sommer, das ist unsere Zeit. Da singt uns die Lerche, und aus dem Gewog reifender Ähren weht Kraft, die Erde riecht gut und warm. Im Gehölz ist's still, das Farnkraut reicht bis an die Brust, und Erdbeeren schmecken süss, wenn ich sie der Liebsten mit den Lippen reiche. Wie liegt sich's gut hinter der Hecke am Bach! Man schweigt und wartet, bis das Springen der Fische zu hören ist.

Dann trippelt ein Jüngferlein aus der Stadt durch unsere Welt, verirrt sich wohl und fragt einen Burschen um den Weg, und dieweil er vor ihr hergeht, mustert sie seinen Gang und seine guten Schultern, die hübschen kleinen Ohren und wünscht gar, er möchte sie küssen – ‹L'amour à la campagne›, wie ihr eure Porzellanpüppchen nennt.

Im Herbst rächt ihr euch für die Verzauberung des Sommers durch die Jagd; ihr reitet weit über die Felder des Bauern, und dessen Sohn darf euch die Hunde halten und Hasen zutreiben, ohne dass ihr ihm einen Blick verschwendet. Denn Ordnung muss sein in der Stadt Zwinglis.»

Er schwieg, und sie wusste nichts zu sagen. So liessen sie die Pferde stehen und traten auf die Lichtung hinaus. Hier dehnte sich ein Stoppelfeld, von Tannen umgeben wie ein dunkler See. Heinrich riss eine Woge empor, er sah Nanette, die zu warten schien, die Augen gross und schwarz, Tränenspuren auf den Wangen. «Ich muss Euch Lebewohl sagen», murmelte sie. «Ich werde nach Neuchâtel geschickt.»

Da stürzte die Welle, Gefühl überschwemmte ihn. Er fiel vor ihr nieder. «O Nanette», rief er erstickt, «Nanette» und presste das Gesicht in den bauschigen Stoff ihres Kleides. Empfindung überwältigte ihn, er spürte ihren Körper unter dem Kleid und biss sich hinein.

Nanette wich zurück, weiss im Gesicht. Sie hob die Reitpeitsche. Nehracher sank nieder auf Hände und Stirn, so demütig, dass sie auflachte. Sie schürzte den Rock und schwang in den Sattel. Mit lautem Wiehern stob das Pferd davon. Der Schecke, verwirrt und reiterlos, brach hinter ihm durchs Gehölz.

Als Nehracher sich endlich erhob, war es Morgen. Er kühlte das Gesicht bei einer Quelle, strich Tannennadeln aus dem Haar und nahm den Weg zum Haus des Chirurgus Pfenninger.

VII. KAPITEL

Das Memorial

Er erschien früh am Tag, aber im dunklen Gang vor Pfenningers Behandlungszimmer standen und sassen schon Patienten; es roch nach Übeln aller Art. Nehracher bahnte sich durch Greinen und Grochsen, vorbei am wasserköpfigen Säugling, der geschwollenen Wange, eiterndem Beinstumpf. Ihm war fast übel, als er endlich in Pfenningers Zimmer stand. Ein Bauer stieg hastig in seine Hosen, dann waren die Freunde allein.

«Nun», Pfenninger blickte ihn forschend an, «wo fehlt's? Kommst du zum Arzt, zum Freund oder zum Politicus?»

Nehracher sagte nichts. Er war hinter Pfenninger getreten und betrachtete dessen Flaschensammlung, wo im Spiritus Monstrositäten schwammen, Fleischgewucher, amputierte Glieder.

Der Chirurgus lächelte, schloss einen Schrank auf und wies vier neue Behälter. Im ersten keimte es bohnengleich, im zweiten erkannte man die Kaulquappe der menschlichen Frucht, im dritten ruhte sie hinter gekreuzten Armen, durchschimmert von Adern. Im vierten aber hüpfte sie als wässeriges Männchen in grotesker Lustigkeit durch den Spiritus auf und ab. Nehracher schaute weg.

«Graust es dich?» Pfenninger fragte spöttisch. «Ein elfenbeinerner Schädel macht sich freilich besser auf dem Pult des Arztes, aber ich ziehe die Foeti vor. Hier hast du noch den Lehm und Dreck, aus dem der Mensch gemacht ist, hier ist Anfang, Versprechen, ein nützlicher Keim.» Er hob die Flasche mit dem grossen Foetus fast zärtlich auf, das Gebilde stiess den Kopf gegen das Glas.

«Woher hast du diese – Früchte?» fragte Nehracher gepresst, er sah wieder seinen Garten im Überschwang der Reife, allenthalben Zeugung und Geburt.

«Nichts für empfindsame Dichter», erwiderte der Arzt kurz. Als er Ekel im andern erkannte, fuhr er sarkastisch fort:

«Das gefällt dir nicht, diese Liebesrechnung. Du glaubst, ich pfusche der Natur ins Handwerk. – Aber was sind denn wir in unserer Gier, Haselnüsse, Eier, Bohnen zu essen, den Foetus der Natur, oder doch ihren Mutterkuchen, Honig, Milch und Zwiebeln? Du hast recht, keiner von uns ist rein, die Erbsünde verdirbt sogar unsere Zunge.»

«Ist mir, als sei auch ich von Zweck und Ursprung abgelöst wie dieser Menschenkeim, als tanze ich schauerlich im Wasser des Vergessens», murmelte Heinrich. Da der Chirurgus schwieg, sagte er nach einer Pause:

«Gib mir deine Zettel und Aufsätze. Ich will das Memorial schreiben.» Pfenninger umarmte ihn. «Ja. Erstmals tat ich's aus Hass, das war des Teufels. Vielleicht hätt ich's aus Liebe gekonnt, aber jetzt bin ich Hass und Liebe los, ganz leer davon und wohl fähig zur Politik.»

Pfenninger übergab Nehracher einen Stoss Schriften. Beide sagten kein Wort.

Dann begleitete der Chirurgus seinen Besuch zum Haus hinaus bis ans äusserste Tor und kam durch den Garten zurück. Seine Frau stand mit hohem Leib zwischen Stauden und las Bohnen ab. Wie einfach ist der Weiber Dasein, dachte er. Mutterkuchen der Zeit. Er trat zu ihr und küsste sie. Fünf Minuten später stach er das Messer wieder in eine Eiterbeule.

«Wo bist gewesen, Heinrich?» fragte Emerentia, als er zu ihr in die Küche trat. «Der Vater ist böse. Ach Heinrich, bist ja schon wieder nass von Schweiss, wirst noch krank.» Die Schwester wischte ihm die Stirn, zog seine Jacke gerade. Dabei spürte sie die Papiere und schwieg.

Der Tag ging vorbei. Heinrich machte Jahrmarktsgeschirr, hielt den Farbtrichter, schnörkelte Rosen und Nelken. Der Vater blickte zufrieden, schickte ihn früh ins Bett.

Das Licht brannte die ganze Nacht.

Wie schwer war es plötzlich, den Stadtvätern alle Beschwerden vorzutragen. Wie sollte er beginnen?

«*Die Liebe*», schrieb er in seiner steilen Schrift, dann sank der Federkiel. Heinrich starrte aus dem Fenster. Er hustete.

«*Die Liebe zur Freiheit sowie der Hass gegen alle Arten des Despotismus ist der Menschheit eigen. Jener huldigen alle aufgeklärten Völker von Anfang bis zum Niedergang, diesem fröhnen nur Höflinge, Edelleute, Priester und Sklaven, so lange sie solche zu ihren Absichten benützen können.*» Sollte er «Priester» stehenlassen? Er dachte nicht an Pfarrer Lavater, sondern an die Herren im Kloster Einsiedeln, den Brief, den er über ihre Gewinnsucht einst an Hans Jakob geschickt hatte.

Er liess das Wort, fuhr in einem Zug weiter:

«*Von freien Vätern erzeugt, sollen wir freie Söhne sein. Dafür redet die Geschichte, dafür zeugen die Urkunden*» – sollte er deutlicher werden, Hänslis Fund nennen? – «*dafür erkennt uns unsere Obrigkeit, so oft die Verteidigung unsres Vaterlandes notwendig ist.*» Wie willig waren seine Freunde nach Genf gezogen, wie stolz ritt er selber von Walenstadt her dem Zürichsee entlang, wie war Billeter aufgetreten!

Der Gedanke an Billeter diktierte ihm folgenden Passus über die Klagen des Landvolkes:

«*Freilich erhielten oft diese Klagen durch boshafte Verdrehungen einen schwarzen Anstrich; das, was die Vernunft und Billigkeit zu sagen erlaubten, wurde auf verleumderischer Zunge zur Revolutionssucht, zu Hass gegen Gesetze und Ordnung umgeschaffen, und es fehlte auch nicht an offenbaren Lügen.*»

Nun musste er zur Sache kommen. Er griff nach Pfenningers Merkblatt; als erster Klagepunkt war hier der Mangel einer für Stadt und Land gleichermassen gültigen Konstitution verzeichnet. Nehracher gelang ein feuriger, indessen doch wohlabgewogener Abschnitt, der mit dem Ausruf schloss: «*Landesväter! Gebt uns eine Konstitution!*» («Sire! Geben Sie Gedankenfreiheit», kam das Echo von Billeter-Marquis Posa bei einer Aufführung der Wädenswiler Bühne.)

Im Zimmer wurde es stickig, das Licht rauchte aus dem Unschlitt. Nehracher öffnete das Fenster, sogleich taumelten Mücken und Motten herein. Am Birnbaum sah er das Mädchen lehnen. All dies Nachtgetier, dachte er, winkte das Weibsbild fort und schloss den Laden.

Als zweites wäre die Klage über Erwerbsbeschränkung deutlich darzustellen. «*Ist kein Erdstrich in Europa, wo der Erwerb unter einem solchen Druck ist.*» Wieder benutzte er hier ein Blatt Pfenningers. Er nannte die Schikanen, welche der Baumwoll- und Seidenfabrikation auferlegt wurden, und beklagte das Handwerk als solches: «*Gibt dem Pfuscher ein Bischen Brod, auferlegt dem Genie drückende Fesseln*». – Dass er beim letzten Satz an sich dachte, störte ihn, doch änderte er nichts.

Bei der Forderung nach Studierfreiheit schrieb er bewusst in eigener Sache und gedachte im gleichen Zug auch die militärische Ausnützung des Landvolkes darzutun.

«*Steht die Republik in Gefahr und es sollen Truppen an die Grenzen detachiert werden, so erscheint mit einmal der allgemeine Ruf von Gleichheit auf unseren Sammelplätzen; wir heissen Söhne der Freiheit, Retter des Vaterlandes! Aber die Lieutenants und Hauptleute sind Städter.*»

So schrieb er. Da pochte es grob an seine Tür, und eh er antworten konnte, zwängte sich Billeter herein. Er sah grotesk aus, trug einen Pistolengurt und hohe Stiefel, er roch nach Wein.

Vertraulich zog er eine Stabelle heran und patschte auf Nehrachers Arm:

«Wie fleissig ist das Schreiberlein wieder an der Arbeit, schickt sogar das Schätzchen fort. Ei jei –» Er schnalzte mit der Zunge. «Darf man sehen, was der Herr Hafner dichtet?»

Nehracher deckte die Hand über das Papier, blickte angewidert auf den Gast. Billeter wiegte den Kopf:

«Das ist nicht schön, dass der Herr Hafner kein Zutrauen zu seinem besten Freunde hat, dass auch der Herr Chirurgus Pfenninger und der Hänslibeck so geheim tun und an die Obrigkeit schreiben wollen, ohne mich, den Billeter, beizuziehen. Dabei hat doch der Billeter Erfahrung wie kein zweiter, wie man denen Herren höbelen und wo man dreist auftreten muss, ganz anders als ihr Genies und Leimentreter.»

Täuschte sich Heinrich, oder lag versteckte Drohung in der Rede? Billeter stand auf, ruckte am Hosengurt und ging.

In der nächsten Nacht schrieb Nehracher von den Plagen des Bauern: «*Vom Aufgang der Sonne bis spät in die Nacht hinein muss er der mühsamsten Arbeit, der brennenden Hitze oder rauher Witterung ausgesetzt sein; kann nichts geniessen als Gemüse und abgerahmte Milch.*» Er zählte, diesmal Hänsli Ryffels Kolonnen vor sich, die Last von Abgaben und Steuern auf, Grundzins, Todfall, Ehschatz, nicht zu vergessen das Fastnachtshuhn... Plagen des Bauern, um dem Städter sorgloses Leben zu ermöglichen. In Gedanken sah er diesen Bauern als Esel zum Zusammenbrechen mit Lasten beladen, dazu sollte er noch wie das Tier im Märchen Goldstücke fallen lassen.

War dieses Bild des Bauern richtig? Wie hatte er vor wenigen Jahren geschrieben: «*Rund umher ermuntert uns der Fleiss des geschäftigen Landvolkes zur Tätigkeit. – Wir sehen, wie Fleiss und Kunst der Natur zu Hülfe kommt, wie eine Arbeit der andern und nachher eine Ernte der andern folgen, wie über das*

alle Geschöpfe so froh und munter ihr Dasein geniessen, vom Men-
schen bis zum Tiere, von den Vögeln des Haines und der hoch-
schwebenden Lerche bis zur Forelle des Baches, die mit den Wellen
spielt.»

Pastorale oder Fron? Wo war Wahrheit? Heinrich stand
auf. Schweiss rann den Nasenflügeln entlang. Er näherte
sich der Erkenntnis, dass nicht Tatsachen die Geschichte
bestimmen, sondern die dumpfe Stosskraft des Gefühls.
Das herrschende Gefühl gegen Ende des 18. Jahrhunderts
hiess Missmut, und Missmut würde die Landleute und
nach ihnen die Fabrikarbeiter bis zum Rand ihrer Seelen
erfüllen, selbst wenn ihren Forderungen mehr und immer
mehr nachgegeben würde. Denn kam nicht gerade diese
Nachgiebigkeit der Regierung dem Eingeständnis einer
Schuld gleich? Und wurde damit nicht die Arbeit an sich
entwertet und zum Fluch gestempelt, Quell immer neuen
Missmutes, und war doch Gottes Geschenk, die Seele tätig
zu erhalten?

Wie schwer war das Schreiben ohne Hass, wie unmög-
lich die Wahrheit ohne Liebe!

Er nahm ein neues Blatt, um kurz allgemeine Gerecht-
same für das Landvolk zu verlangen, die Absetzung der
städtischen Vögte, und ging dann an die einfachere Arbeit,
einen kleinen Aufsatz Pfenningers über das Verhältnis des
Staates zum einzelnen korrigierend in schöne Sätze zu giessen. Das gleiche tat er, obschon es zwölf Uhr durch die
Nacht schlug, mit einem Artikel Ryffels, der seine
Geschichtskenntnisse zeigte: *«Woher kam der Succurs, der*
den Ritter Maness und sein kleines Heer bei Tettwil rettete, als der
feige Brun die Flucht nahm? Und wer waren die 7000 Zürcher
in dem bekannten Schwabenkrieg? Nur Bürger der Stadt?»
fragte er rhetorisch auf dem stillen Papier, und als er den
Kiel spitzte, hatte er eine neue Vision der Bauern: Winkel-
riede allesamt, stark, tapfer und todesschön. Geplagter
Esel – Kriegsheld? Wo war Wahrheit?

Wahrheit blieb allein das unveräusserliche Menschenrecht, über das er schon so viel geschrieben hatte. Menschenrecht sollte den Abschluss des Memorials bilden. *«Jeder Mensch ist frei geboren»*, schrieb er. Was war Freiheit? Freiheit liess sich nur an ihrer Beschränkung messen. Die Freiheit Billeters sah anders aus als seine eigene, Freiheit war ein Spiel der Möglichkeiten über dem Atemraum des Lebensnotwendigen. Musste man zur Freiheit erst erzogen werden?

Wie lästige Vögel schüttelte er die Gedanken von Kopf und Schultern, setzte nach kurzem Überlegen die Schlusssätze: *«Die Wiederherstellung unserer Freiheit wird das Volk befriedigen; Gleichheit der Rechte wird uns näher an Zürich anschliessen, und Eintracht und Friede in der Mitte unseres Staates wohnen. Bieten Sie zu dieser Vereinigung Ihre Hand, teuerste Landesväter! Und erwarten Sie unsern Dank und den Segen von unsern späten Enkeln!»*

Er schob die Blätter zusammen und lehnte im Sessel zurück. Er fühlte sich leicht und leer. Erschöpfung breitete sich in ihm aus wie Morgennebel. Gleichgültig schwebte er zwischen Tod und Leben, eine Flocke, ein Regentropfen.

Erst in der Dämmerfrühe des Sonntags legte er sich nieder. Kirchenglocken weckten ihn; er hatte von seinem eigenen Begräbnis geträumt. Er stand auf, nahm Zettel und Broschüren vom Pult. Nur die Blätter des Memorials blieben zusammengelegt auf dem Tisch.

Die Milch trank er in der elterlichen Küche. Dann wanderte er über den Pfannenstiel, bis er vom Hang her Burg und Dorf Uster erblickte, mittagsstill im klaren Tag wie unter einer gläsernen Glocke.

Das Gepränge des Herbstes griff ihm ans Herz. Wie schien die Schöpfung von weitem vollkommen! Seine Augen schweiften, die Leere seines Geistes sättigte sich mit neuen Empfindungen. Da ruhte ein Dorf, dessen Einwohner genügsam von Ackerbau und Viehzucht lebten. Gegen Norden dehnte sich der See zwischen Kornfeld und Wiese, fern leuchteten die Berge. *«O zehnmal glücklicher Ort»,* schrieb er in sein Taschenbüchlein, *«wo man einsam denken und handeln kann, ohne auf jedem Tritte von einem heimtückischen Nachbarn bemerkt und verfolgt zu werden! Eine solche Einsamkeit möchte ich mir wünschen, wo nur die schönen Geister des Altertums oder unseres aufgeklärten Jahrhunderts unsere Gesellschaft sind. Der Blick in die offene Natur wird uns zum Quell unaussprechlicher Freuden.»* Gestärkt erhob er sich, steckte das Büchlein ein und begann den Heimweg.

In den Dörfern hing der scharfe Geruch des Tresters, die Kellertore, überdacht von Weinlaub, standen offen für die Ernte. Die Bauern riefen dem Wanderer Grüsse zu. Aus den Rebbergen klang das Knallen der Vogeljäger.

Der Billeter, sagte Emerentia, habe über eine Stunde in Heinrichs Stube gewartet und sei dann weggegangen. Er könne keine Zeit verlieren.

In Nehrachers Ohren dröhnte es wie von Nebelhörnern. Warum Gefahr? fragte er sich und stieg doch hastig hinauf zu seinem Schreibpult. Das Memorial lag an seinem Platz. Aber der Federkiel war stumpf geschrieben. Spuren von Streusand trübten die Tischplatte.

Was hatte Billeter bewogen, das Memorial abzuschreiben? Nehracher stand da, Kälte im Herzen. Er fühlte sich umzingelt, getäuscht, verloren.

In der Tat hatte sich Billeter nicht gescheut, des Freundes Werk heimlich zu kopieren. Zuerst – auf Ehre! – nur, um sich in das Geheimnis einzudrängen, Mitwisser und Vertrauter zu werden gegen den Willen der andern. Dann aber, als er im Schiff über den See fuhr, packte ihn die Versuchung so jäh und listig, dass er ihr nicht widerstehen konnte: Billeter wollte die Blätter Herrn Obmann Füssli zeigen, dem Obervogt, ein bisschen prahlen, ein bisschen

schmeicheln und sehen, ob ein Nutzen für ihn heraus-
schaue.

So eilte er, das Judasgeschäft zu tätigen, und traf den
Vogt waffenputzend in seinem Hause. Doch war das ein
schneidiger Herr, der nach den Blättern langte und sie in
eine Lade schloss, ohne Dank, als sei dies Liste oder
Abrechnung gewöhnlichster Art. Billeter nagte an der
Oberlippe, er setzte zum Sprechen an, aber der Vogt
lehnte ungeduldig einen geölten Gewehrlauf gegen die
Wand, fragte: «Nun?», und die Silberlinge verklangen in
Leere.

Bös schwoll in Billeter die Arroganz. Als er sich die
Schneckentreppe hinunterwand, dachte er gehässig: «Herr
Vogt, so war es nicht gemeint. Jedes Schmutzgeschäft hat
seinen Preis, und um den willst mich prellen, weil du
meinst, ich sei bloss einer vom Land. – Der Nehracher hat
recht, diesen Hochnasen muss man's zeigen.»

Und er fuhr noch am gleichen Sonntag nach Stäfa
zurück, bereit zum Geständnis, zur feurigsten Mitarbeit.

VIII. KAPITEL

Die Stadt

In diesem Herbst des Jahres 1794, da gereizter Missmut herrschte, war es leichter, Landbewohner zu sein als Städter, um vor der Geschichte gerechtfertigt dazustehen. Denn Missmut und Misstrauen, eine besondere Art von Malaise, wehen jeder zu Ende gehenden Zeit voraus. Die unaufhaltsam wirkende Stimmung erfasste daher auch die Bürger der Stadt, die doch, vom Auge des Taglöhners betrachtet, innerhalb der Mauern sassen wie in Abrahams Schoss.

Das Malaise der Stadt überfiel Junker, Gelehrte und die Patrizier-Kaufleute ebenso heftig wie den beweglichen Haufen von Gewerbe und Handwerk. Die jungen Leute gehobenen Standes – Hans Jakob, der Correspondenz-Freund, war einer von ihnen – hatten es satt, Söhne zu sein. Die schwärmerische Weite ihrer Bildung stand in eigentümlichem Gegensatz zur Enge ihrer persönlichen Verhältnisse und der Familienpolitik, deren Schachfiguren sie waren. Sie lasen Pestalozzi und Rousseau, um die Väter zu ärgern, und mehr als einer wünschte den Umbruch, weil ihm die Luft zum Atmen in der gravitätischen Stadt abgestanden vorkam. Eine zweite Reihe von Verärgerten stellten manche Patrizier, wenn ihre Wirtschaftslage das Prekäre streifte, ohne Aussicht auf Besserung, da sie den Staatsdienst allein als standesgemäss betrachteten und jede kaufmännische Tätigkeit belächelten. Da sassen sie denn in ihren ererbten Häusern, hüteten eifersüchtig ihren Kreis und hatten Musse genug, sich über die Bürgerschaft zu ärgern, die einen neuen Wohlstand zur Schau stellte.

Diese Bürgerschaft hatte die mittelalterlichen Ständekämpfe nicht vergessen und hasste die Patrizier, die ihnen mit einem Blick, einer Geste nur, Überlegenheit demonstrierten. Kein Vertreter des alten Adels jedoch durfte Bürgermeister werden, das war ungeschriebenes Gesetz und dämmte die Eifersucht in gewisse Grenzen. Die gelehrte Mittelschicht – Ärzte, Geistliche und Professoren am Carolinum – schaute von der Warte eines nicht unbeträchtlichen geistigen Hochmutes auf grosse und kleine Krämer und auf die Blasiertheit des Adels herab – kurz, das Malaise der Stadt trug die Symptome einer chronischen Störung des Kreislaufs.

Es schwelte unter Dach und Giebel, im gotischen Wohnturm wie in der Kellerbutik eine Unzufriedenheit mit sich selbst, gegen die andern, getarnt als Eigenbrödelei, Unnachgiebigkeit, Paragraphenreiten, Verschwendungslust. Der Wind aus Frankreich schürte das Feuer recht kräftig, fügte dem Missmut die Furcht bei, der Unzufriedenheit den Wahn, machte die Patrizier unsicher. Überempfindlich wurden auch Zunftmeister und Ratsherren, die Lieben Gnädigen Herren unserer Stadt. Manch einer meinte, es rieseln und bröckeln zu hören, als bahne sich ein unterirdisch Gewässer den Weg, um plötzlich als Sturzbach die Stadt zu überschwemmen.

In diese Stimmungslandschaft dröhnte jetzt die Kunde von einer Verschwörung der Seeleute wie erlösender Donnerschlag. Hatte doch der schneidige Herr Obervogt Füssli keine Minute gezögert, Billeters Abschrift des Memorials dem Geheimen Rat vorzulegen, mit der bedeutsamen Anspielung, es sei um den See ein gefährlicher Aufstand im Tun, den es kurz und knapp zu erledigen gelte.

Die Stadt wurde lebhaft. Herr und Bürger, Regierung und Volk fühlten sich einig wie nie seit dem Waldmann'-schen Aufstand. Endlich gab es zu tun, endlich war die

Furcht fassbar, der Wahn zu sehen. Keiner zögerte, die Seeleute als die undankbarsten Kreaturen des Landes, als heimtückische, revolutionäre Gesellen zu schmähen.

Die Stadt benahm sich nach der Lektüre des Memorials aufgeregt. In friedlichen Zeiten hatte sie eine menschliche, sogar fortschrittliche Haltung den Untertanen gegenüber eingenommen, sogar mit der Vorliebe fürs Landleben kokettiert. Die Fähigkeit aber, das Neue gütlich zu prüfen, erstickte im patriarchalischen Panzer.

Tragisch war die Art, mit der die «Theuersten Landesväter» eingriffen.

Nehracher dachte an die Oberländer Sage von den Bauern, die sich aus Stroh und Lumpen eine Puppe machten, sie fütterten und schlafen legten. In der Nacht wurde das Tittitolg lebendig und entfesselte Unheil. Das Memorial hatte er mit Pfenninger und Hänsli zusammen geplant, gedacht und geschrieben; es war für ihn nicht wirklicher gewesen als eine andere literarische Aufgabe. Jetzt aber wurde das Memorial lebendig. Es lief auf Billeters Beinen dem Vogt ins Haus, statt mit schuldigem Respekt nach Zürich vor die Regierung getragen zu werden. Es wuchs und wuchs wie ein Nachtmar. Das Papierbündel verfinsterte die Stadt und liess das Landvolk in Ängsten warten.

Billeter wurde nach Zürich zitiert und einem Verhör unterzogen, bei Pflicht und Eid ermahnt, die Führer des geplanten Aufstandes, die Verfasser des Memorials zu nennen. Der Schwätzer hätte gerne zurückgenommen, was er vor Füssli ausgeplaudert, aber keine List, kein treuherziger Blick retteten ihn. Endlich, weinend, würgte er die Namen von Pfenninger und Ryffel heraus und durfte nach Horgen zurückkehren.

Pfenninger und Ryffel erhielten eine Vorladung nach Zürich, am 9. November morgens gegen acht Uhr. Der Chirurgus schloss seine Schränke, übergab der Gattin Geld und küsste sie. Dann bürstete er seinen Rock und ging noch an eine geheime Versammlung nach Meilen, um den Verschworenen zu raten. Das Memorial, vor allem aber das alte Pergament, sollten versteckt werden. Sobald er zurückkomme, werde er wissen, wie einzelne Teile der Bittschrift geändert werden müssten. Er fuhr nach Zürich fast heiter, als treffe er einen Schachpartner oder eine unbekannte Krankheit.

Ryffel dagegen wurde vom Müller in die Stadt gebracht und sah sein letztes Stündlein nah. Man setzte ihn, getrennt von Pfenninger, im Rathaus gefangen. Erster Reif überglänzte Dächer und Brücken.

Zwei Männer waren es, die sich besonders aus der aufgewühlten Stadt hervortaten und für die Geschichte ihren Namen mit dem der Rebellen verbanden: Obmann Wyss und Bürgermeister Kilchsperger.

Mit eiserner Väterlichkeit nahm sich Obmann Wyss, Mitglied des Geheimen Rates, der beiden Verdächtigen an, schnaubte Zorn und Vorwürfe, lief mit wippendem Haarbeutel vor ihnen auf und ab, stockte in jäher Pause, aber erntete weder Geständnis noch Zerknirschung. Ohne dass sie es verabredet hätten, suchte jeder der beiden Nehracher zu schützen, und Pfenninger bekannte sich als alleinigen Verfasser des Memorials.

Da räusperte sich Bürgermeister Kilchsperger. Er war ein alter Mann, müde und zur Schlichtung geneigt, und die Haltung Pfenningers gefiel ihm. Er winkte ihn näher, so dass der Chirurgus die Trübung des rechten Auges bemerkte – beginnender Star, dachte es in einem Teil Pfenningers –, und fragte fast gütig:

«Warum wollt Ihr den poetischen Hafner schützen? Ist er Euer Kronprinz? Ich habe einige seiner Werklein gelesen und schmeichle mir, seinen Stil zu kennen. Ich beantrage, ihr Herren, den Hafner Nehracher vor den Geheimen Rat zu zitieren.»

Billeter war in Nehrachers Werkstatt, als der Hafner die Vorladung erhielt. Nehracher faltete das Blatt zusammen. Dann nahm er eine Handvoll Lehm, knetete ihn durch und setzte ihn auf die Drehscheibe. Aus wulstigem Fuss wuchs das Gefäss auf, zart von den nassen Händen geführt, und das tat Nehracher halb fromm, halb zauberisch. Nehracher betrachtete sein Werk und drückte es mit einer Handbewegung zusammen. Sein Gesicht sah so hoffnungslos aus, dass Billeter Rührseligkeit übermannte: «Heiri», sagte er mit Mühe, Tränen überrannen ihn: «Heiri, hättest auf den Billeter gehört und die Finger von der Sache gelassen. Kräftig bereuen, rat ich dir jetzt, schmeicheln, wo du kannst. Mein armer Freund!»

Nehracher schickte ihn weg, die letzten Atemzüge in der Freiheit gehörten ihm allein. Auch die besorgte Familie verliess ihn nach dem ersten Jammer wieder. Nehracher ging noch eine Stunde zwischen Stube und Kammer umher, ordnete seine Schriften und warf ein Haarband Nanettens ins Feuer. Er fühlte sich erleichtert. Furcht und Bedrängnis, Hass und Liebe lagen wie raschelndes Laub zu seinen Füssen. Nun würde er Gerechtigkeit erfahren, die, wie immer sie ausfiel, im geheimen Gottes Willen und Wegweisung diente. Der Lehm, den er vorhin in der Werkstatt zerdrückt hatte, blieb Lehm in jedem Zustand, und so würde auch seine Seele, seine Schuld, vor Gott gleichbleiben, ob sein Memorial nun Sieg oder Versagen vor der äusseren Welt bedeutete.

Wenige Stunden später stand er vor seiner Obrigkeit, bescheidentlich, doch ohne Furcht. Ein Rest Eitelkeit hiess ihn die Arme verschränken, bis der Grossweibel ihm zuflüsterte, diese Haltung schicke sich nicht. Nun hingen seine Hände herunter.

Ratssubstitut Landolt, ein Mann seines Alters, der die Haare ungepudert trug, wurde gegen seinen Willen bewegt. In Pfenninger hatte er Ehrgeiz und vitales Selbstgefühl gewittert, Führereigenschaften allerbester Natur. Hänsli erschien ihm typisch ländlich, die Angst, aus der Harmlosigkeit herausgetreten zu sein, machte ihn schwitzen, am liebsten hätte er den gnädigen Herren die Schuhe geküsst. Dieser Nehracher aber hatte etwas von der Wehrlosigkeit des heiligen Sebastian, denn obwohl nüchterner Protestant, verehrte Landolt den Märtyrer aus Narbonne als Schutzpatron der Zürcher Schützengesellschaft und kannte seine Geschichte wohl.

Aber weil Märtyrer das Letzte waren, das die Stadt jetzt ertragen konnte, wurde auch dieser Sebastian von Stäfen im Rathaus auf Arrest gesetzt.

Als Heinrich zum erstenmal Pfenninger und Hänsli sehen durfte – scheinbar ohne Zeugen, aber tüchtig belauscht vom Ohr des Grossweibels, kurz Herr Gross genannt –, war er bewegt. Er fasste sich aber schnell und gratulierte dem Chirurgen zum Sohn, den Frau Pfenninger vor ein paar Tagen geboren hatte.

Pfenninger blickte durch das Gitterfenster zum Fraumünster hinüber: «Nicht einmal Urlaub hab ich bekommen, um Weib und Knaben zu sehen, das Kind zu taufen nach Christenbrauch – wie Mörder hält man uns hier eingesperrt. – Sag, was passiert in Stäfen, berichte!»

Nehracher erzählte, was er wusste. Dass der Fabrikant Stapfer von Horgen zu den Hauptverdächtigen gehöre, weil man neuestens die ganze freiheitliche Bewegung auf die Profitgier einiger Tüchler am See zurückführen wolle. Dass in allen Kirchen der Landschaft eine hochobrigkeitliche Erklärung verlesen worden sei, dass Zunftmeister Schinz und Zunftmeister Irminger in der «Krone» zu Stäfen vor einem grossen Teil der Gemeinde geredet, viel geschwafelt, honigsüss parliert, aber das Memorial als giftiges Produkt des Stolzes und der Bosheit abgetan hätten. Die Gemeinde habe zugehört wie Schafe dem Wolf. Und Irminger versprach am Schluss, wenn dem Lande, was sich kaum denken lasse, sollten Freiheiten entzogen worden sein, die dokumentarisch erwiesen werden könnten, so wolle die Regierung «geneigtes Gehör» schenken.

«Und das fassten die Gutgläubigen als Versprechen auf!» Pfenninger riss am Bart, der ihm während der Haft gewachsen war. «Was heisst Gehör schenken! O kann denn das Joch dieser jahrhundertelang anerzogenen Gehorsamstreue nicht endlich von uns genommen werden, können wir nie frei handeln, frei denken, frei antworten?» Er schlug mit der flachen Hand gegen die Mauer und lehnte die Stirn daran.

Jetzt sagte Hänsli, fast kindlich: «Hört, auch ich habe nachgedacht, der Kopf ist mir ganz verwirrt. Sagt, ist denn nicht auch Gehorchen eine schöne Sache? Man trägt keine Verantwortung, keine Entscheidung, du weisst, ein Klügerer tut alles für uns und ordnet's zum besten. Dann ist deine Nacht nicht durchblitzt von Wunsch und Zwiespalt und Zweifel; du liest dein Buch, giesst den Garten und schlummerst friedlich. Warum glaubt man immer, ein feuriger Mensch sei mehr als ein demütiger? Was ist eine Welt mit lauter Führern? Eine Wildnis reissender Wölfe. Und wer macht überhaupt die Führer? Immer die, die ihm folgen, ihm gehorchen. Eure Freiheit ist nur ein Turnier zwischen euerm Regierenwollen und dem gottgewillten Gehorsam. Ich bete um eine gute Regierung, um gehorchen zu können und meine Ruhe zu haben. Ich bin sehr reuend.» Das Ohr des Herrn Gross vermerkte dies mit Genugtuung, spitzte sich aber gleich wieder gegen Pfenninger, der sich hastig umdrehte:

«Wenn ich Freiheit wünsche, für mich und das Volk vom Land, so weiss ich mich sicher ebenso frei vom niederen Trieb, andere beherrschen und in den Staub drücken zu wollen, wie es unsere löbliche Regierung sein sollte. Dabei ahnt ihr weit weniger als ich, welch sausendes Gefühl uns Macht verleihen kann, oder auch nur Wissen, schon die Gabe zu reden vor einer Versammlung: da gähnt noch einer, der zweite kratzt sich, der dritte wispert zum vierten, Husten, Räuspern – und ich rede weiter, es wird still, atemlos zum Bersten, und alle Arten von Augen hängen an mir, fast süchtig, ganz leer und bereit, sich an mir vollzusaugen. Und es liegt an mir allein, sie in der nächsten Minute schreien zu lassen, nach was immer ich will.»

«Eben», sagte Hänsli, «siehst du.»

«Nein», Pfenninger senkte die Augenlider, «ich sehe nicht. Ich meine, dass ich weiss, wie Macht schmeckt und wie sie missbraucht werden kann. Und darum bin ich dagegen, dass alle Macht von der Stadt ausgeht, darum bin ich dafür, Unabhängigkeit auch auf der Landschaft zu pflegen, denn sie ist ebenso sicher eine Gabe Gottes wie Demut und Gehorsam, diese Verneinung von allem, was das Leben kräftig und sinnvoll macht. Ach könnte ich so schöne Sätze reden wie unser Heinrich, ihr würdet mich lieber verstehen – Heinrich, willst du auch zurückkriechen, unsere Forderungen nach Recht und Freiheit auf den Tisch legen wie ein abgenutztes Kartenspiel?»

Heinrich blickte nachdenklich in die vertrauten Gesichter, das eine dumpf, das andere aggressiv verzerrt, und sagte: «Von uns muss jeder tun, wozu er geheissen ist.»

Darauf wurde das Ohr am Guckloch wieder zur Person des Herrn Gross, der etwas später hereinwuchtete und die Freunde trennte.

IX. KAPITEL

In der steinernen Faust

Wasser und Brot sind schlechte Kost, aber trefflich geeignet, das Denken zu fördern. Nehracher in seiner eiskalten Zelle war es, als treibe er ausserhalb der Welt in einem lecken Fass, ausgesetzt vom schönen warmen Leben, das in seinen Ohren nachklang wie Festzug mit Pfeifen und Trommeln, unter Fahnengewabber, aus tausend Mündern singend.

Es ging ihm schlecht. Er hustete nächtelang, und Ratssubstitut Landolt schloss manchmal die Augen, um den Vergleich mit dem heiligen Sebastian loszuwerden. Durch ihn erhielt Nehracher Tinte und einige Bogen Papier, auch ein Kohlebecken und eine zweite Decke. Er schrieb, mit steifen Fingern und von Tränen behindert, seine Gedanken, die auf Freiheit zutaumelten wie damals im Gärtchen die Falter auf das Licht in der Laterne.

«Fraget den Kranken, was Gesundheit, den Blinden, was Gesicht, den Dürftigen, was ein gemächlich Leben, den Gefangenen, was Freiheit sei – und sie können euch am besten antworten, denn nur der Unglückliche weiss das Glück des Lebens recht zu schätzen.»

Der Schreiber stockte. War er unglücklich? Unglücklich wie damals, als er mit Nanette auf der Lichtung stand, so verloren wie beim Schreiben des ersten, teuflisch eingegebenen Memorials? Unglücklich empfand er sich nicht, obwohl frei von Schuld; er dachte, Gottes Wille sei in diesem Kerker und bei ihm, der Kerker daher auch nur ein Symbol, sich ihm, dem armen Menschen, verständlich zu machen.

Denn vom äusseren Leben her betrachtet traf ihn keine Schuld. Er handelte, als er das Memorial schrieb, leidenschaftslos und im Gefühl, der guten Sache zu dienen, die Seele unbewegt von Hass oder Liebe. Keine Schmeichelei war ihm unterlaufen, an Respekt hatte er's nicht fehlen lassen. Warum also, wohin wollte Gott ihn stossen, dass er ihn dermassen vom Boden aufhob und im Kerker hielt wie in einer kalten Faust aus Stein? Zur Sühne vielleicht, weil sich ihm Stadt und Nanette in eins verschmolzen hatten und er glaubte, beides stünde ihm zu, dem frei geborenen Dichter? Er wusste es nicht. Gott antwortete nicht. Er hielt ihn in seiner Hand über den Dächern der Stadt, hiess ihn frieren und warten.

«Ein fortdauernder Genuss des Glückes macht die Menschen gleichgültiger und unempfindlicher, so wie das fortdauernde Anschauen der schönen Natur», schrieb Nehracher weiter und sann über das Wort Glück nach, das ihm im Augenblick eine taube Nuss schien, ein populäres Wort für Freiheit, für die gestillte Seele. So fuhr er eilig fort, denn es wurde dunkel.

«Physische und moralische Freiheit ist dem Menschen unentbehrlich. Aber auch diese, wenn wir uns lange ihres Besitzes erfreuen – schätzen wir viel zu wenig. Wir gebrauchen unsere freien Handlungen nach unserer Willkür; wir denken, reden, handeln und spekulieren, um unser eigenes Glück zu verbessern, der menschlichen Gesellschaft nützlich zu sein. Sollte also die Freiheit unserer Handlungen nicht unschätzbaren Wert haben, sollten wir nicht unaufhörlich Gott dafür danken? – Und doch wie selten erinnern wir uns dessen, wie sehr vergessen wir dieses köstliche Gut! Ganz anders denkt der Unglückliche, der seiner freien Handlungen beraubt in Sklaverei oder Gefangenschaft seufzt. Nur der Unglückliche kennt den Wert der Freiheit! Im düsteren Kerker und in Fesseln wünscht er mit gefalteten Händen das Glück seiner Brüder oder den Tod.»

Bei diesen Worten fiel die Dunkelheit mit Macht herein. Er legte die Feder weg, schauderte und streckte sich auf seinem Lager aus, ohne die Hoffnung, Ruhe für Körper und Gedanken zu finden.

Ruhe gab es auch für die Räte nicht, weder bei Tag noch bei Nacht. Eine geheimnisvolle Verbindung besteht zwischen Opfer und Richter, zwischen dem, der Freiheit lässt und Freiheit nimmt. Die geraubte Freiheit, Kraft und Vitalität des Gefangenen kann sich in neue geistige Energie verwandeln, zum Bösen meist, so wie sie nun als Zwietracht die Herzen des Kollegiums stachelte, sich einhakte bei den Frauen ihrer Familien, unter Tränen zu Mitleid verwandelt.

Der Memorial-Handel war eine üble Angelegenheit, und dies so nah vor Weihnachten, der Geburt unseres Herrn, da auch ein Ratsherr gern mit frohem Gewissen zur Kirche geht und an den Menschen Wohlgefallen hat. Ohne das entsetzliche Beispiel Frankreichs, das die Augen blendete, wäre Nehrachers Werk als ehrgeizige Verirrung abgetan worden. Jetzt wuchs es zum Staatsverbrechen gefährlichster Art, Beweis dafür, dass nicht das factum, sondern die Umstände entscheiden.

Pfarrer Lavater, guter Geist der Stadt, besuchte den Eingekerkerten in der Absicht, Trost zu spenden. Dort kam ihm aus den glänzenden Augen Nehrachers die Inspiration zu einem Gedicht. Er eilte nach Hause und schrieb:

«... Ihr kennt das schwache, leicht zu entflammende strohgleiche Zürich, welches Hosanna! heut und morgen ruft: ans Kreuz, ans Kreuz hin!»

Bürgermeister Kilchsperger schien seine Stadt ebenso einzuschätzen. Er wollte die erhitzten Köpfe und Zungen auskühlen lassen und übte die feine Kunst des Verzögerns und Verschleppens. Die Finalsentenz wurde von Mal zu Mal verschoben und ins neue Jahr hinein verlegt. Am 7. Januar dann – es war ein kalter Tag und die Stadt in Schnee versunken – gab es eine stürmische Ratssitzung, bei der sich die ausgeruhten Herren böse Wahrheiten zuwarfen. Zwar war man sich einig, die Haupt-Unruhestifter für einige Zeit ausser Landes zu schicken, aber die Dauer dieser Strafe sah jeder wieder anders. Ihr Gnaden Kilchsperger fand ein Jahr hart genug, um störrische Köpfe auch in Zukunft von ähnlicher Verirrung abzuhalten. Aber Obmann Wyss schrie ihm zu, ein Bannissement von mehreren Jahren sei nötig für solche Steckgrinde, denn am See oben müsse die Erinnerung an sie getilgt werden, sonst fange der Aufruhr nach ihrer Rückkehr von neuem an. Und schon riefen die löblichen Herren durcheinander:

«Staatszerrüttung muss härter bestraft sein als kleiner Diebstahl!»

«Das Volk, mit der Pestilenz der Neuerungssucht angesteckt...»

«Nehracher ist krank»

«...wird nur gesund, wenn die Aufhetzer für zehn Jahre verschwinden!»

«Schickt sie doch nach Amerika, je weiter je besser.»

«Pfenninger hat sechs Kinder.»

Die Glocke auf dem Tisch des Vorsitzenden ging unter wie eine Vogelstimme im Sturm. Die Sitzung dehnte sich bis in den Nachmittag hinein. Hunger reizte die Herren noch mehr. Sie kamen zu keinem Entscheid, traten hochrot aus der Türe des Beratungszimmers, zwängten sich in ihre Pelzkappen und eilten in die Kälte hinaus. Dabei ärgerten sie sich erneut über das vor dem Ratshaus lungernde Volk.

Noch am folgenden Tag gab es keine Einigung, denn auch Milde hat ihren Starrsinn. So beschloss der Geheime Rat, zwei verschiedene Gutachten vor Rat und Bürger zu bringen. Das eine schlug die Verbannung Nehrachers auf zehn Jahre vor, nebst harten Strafen für Pfenninger und weitere Verdächtigte. Das zweite aber verzichtete sogar auf Verbannung, schloss Nehracher und Pfenninger nur für fünf Jahre von Gemeindeanlass und Ehrenstellen aus.

So verschieden blickten die Augen der Richter. So schielend sah ihre eigene Furcht sie an.

Der Grosse Rat hatte nun weiter nichts zu tun, als weise die goldene Mitte zu finden. Nehracher wurde für sechs, Pfenninger für vier Jahre ausser Landes geschickt und Hänsli Ryffel, der aller Sympathien genoss, in seine Bäckerstube entlassen.

Erschöpfte Stille herrschte im Saal nach verkündetem Urteil, nur das Kratzen von Ratssubstitut Landolts Feder war zu hören, der noch eine nachträgliche Verordnung schrieb. Dass nämlich Herr Gross persönlich alle Abschriften des Memorials unter Beisein von Zeugen verbrennen müsse; eine Arbeit, die Herr Gross sehr gern besorgte.

So öffnete Gott die steinerne Faust und entliess die Rebellen, schickte sie auf Pilgerfahrt in Schnee und Fremdheit.

Die Stadtväter aber glaubten, alles recht getan zu haben, und sättigten sich an ihrer Gerechtigkeit, ruhten auf der Ergebenheit des Landvolkes. Und nur Ratssubstitut Landolt träumte, die Justitia auf dem Rathausbrunnen sei von hundert Pfeilen durchbohrt wie der Körper des heiligen Sebastian.

X. KAPITEL

Pilgerfahrt

Am Tag der Abreise, dem 18. Januar, fiel leichter Schnee. Pfenninger und Nehracher standen im geheizten Wachtlokal und versuchten, Hänsli Ryffel Tränen und Entschuldigungen zu ersparen. Denn der Gute kehrte nach Stäfen in seine Backstube zurück, kroch wieder unter die Decke der Mittelmässigkeit, derweil seine liebsten Freunde über die Grenze gestossen wurden. Darüber brach ihm schier das Herz.

Nehracher lächelte. Er trug eine mit Hasenpelz gefütterte Mütze und eine dicke Jacke dazu, welche die Magd aus dem «Grossen Erker» für ihn abgegeben hatte, nebst einem Gruss von Frau Lavater. In der Tasche knisterte ein Zettel von Nanettens Hand. «Warte», stand darauf, «ich warte auch.» Worauf, wozu?

Er legte Hänsli den Arm um die Schultern, tröstete ihn und schickte ihn fort, sah die tapsige Gestalt im Rennweg verschwinden. Die breiten Fussspuren, leicht einwärts gerichtet, wurden gleich zugeschneit, und so lief auch des Freundes Spur aus Nehrachers Leben.

Sie bekamen einen anderen Reisegefährten, den Chirurgus Staub aus Pfäffikon, einen Studienfreund Pfenningers, der das Memorial im Oberland hatte verbreiten helfen und dafür auch vier Jahre bannisiert wurde. Dies war ein wendiger Mann, dessen gedehnter Dialekt mit der Raschheit seiner Bewegungen seltsam kontrastierte. Er arbeitete Pläne aus, sich im Elsass als Arzt niederzulassen und die politische Entwicklung in der Heimat zu verfolgen. Dieser Chirurgus, dachte Nehracher, ist ein geschickter Krämer in Volksgesundheit, ein Mann, der Tatsachen wie Spielklötze herumschiebt, um vor sich selber gut dazustehen.

Mit grösserer Liebe als je zuvor betrachtete Nehracher daher Pfenninger, den die Gefängnisluft blass und mager gemacht hatte. Über den Ohren wuchs ihm graues Haar, die Augenlider verbargen den Blick. Der vorstehende Unterkiefer biss sich fest, die Lippen schienen geschwollen. Die Freundschaft von Männern ist ein Geschenk der Not, denn nicht ihre Freuden verbinden sie, sondern unausgesprochene Ängste und Hoffnungen. Dieser müde, graue Löwe war Nehrachers Freund und Bruder, die Zukunft mit ihm voll ungewisser Hoffnung.

«Verzeih mir», sagte Pfenninger jetzt. «Du musst wissen, dass die Kachel damals mit Absicht zerschlagen wurde. Ich wollte dich wieder mit der Stadt und mit Nanette zusammenbringen. Dich zur Entscheidung zwingen. Es war kein Zufall. Das musst du wissen, bevor du mit mir gehen willst, ich betrachte das als meine grösste Schuld.»

Nehracher schwieg. Er sah das Zimmer unter dem Granatapfel, die Puttenköpfe. Nanette auf der Schwelle, fragend, ob er reiten könne –

«Nichts ist Zufall», antwortete er rasch und ergriff Pfenningers Hand. «Du bist mein Freund.»

Ein Ratsdiener holte die Schicksalsgefährten ab, führte sie über die Limmat und zur Pforte beim Niederdorf, wo Pferde und Wagen auf sie warteten. Der Kutscher stapfte auf und ab im Schnee, schlug sich die Schultern und fluchte. Aus Haus und Gasse strömte das Volk; als Frau Pfenninger, von fünf hübschen Kindern umgeben und den Säugling im Arm, auf ihren Mann zulief, war reihum des Schnupfens und Schneuzens kein Ende. Ein freches Weiblein spuckte vor dem Kutscher aus und sah zu spät, dass er unter Tränen fluchte. Pfenninger aber, an dem die Kinder wie eine Traube hingen, griff mit der freien Hand unter das Nackentuch der Gattin und flüsterte etwas, das sie erröten und lächeln machte. Dann schüttelte er die Kinder ab und sprang in die Kutsche. Nehracher folgte ihm. Zuletzt zwängte sich Staub zwischen sie. Der Ratsdiener schloss die Tür, und sie verliessen die Stadt. Bald lag sie hinter ihnen, eine weiss und grau gefleckte Kätzin, die ihre Mäuse erlegt hat.

Auch in Bassersdorf, wo man kurz anhielt, drängten sich Bekannte und Neugierige an die Fenster, und dann ging es durch die gemeine Herrschaft in die Stadt Frauenfeld mit ihren Türmen und Bürgerhäusern. Bratenduft zog über den weiten Platz. Verlegen nahm der Ratsdiener Abschied, der Kutscher fluchte und wendete das Gefährt. Die drei Reisenden betraten einen Gasthof.

Nach Konstanz gingen sie zu Fuss, um mit der Sparsamkeit zu beginnen. Schweigend kamen sie voran, Nehracher in der Mitte. Ihre Sorgen kreisten um sie wie schwarze Vögel. Es hörte auf zu schneien, der Himmel war messinggelb. Nach Stunden sahen sie von einer Anhöhe herunter den See in der Abendsonne liegen, die Stadt Konstanz mit funkelnden Fensterscheiben.

Der Stadtphysikus nahm sie freundlich auf und bewog Staub, vorerst bei ihm das Auskommen zu suchen, was der geschäftige Mann unverzüglich begann. Er schrieb schon Rezepte, als Pfenninger und Nehracher am andern Tag weiterzogen.

Die Freunde fanden in Steigen, nicht weit von Stein am Rhein, Quartier bei einer Pfarrerswitwe. Sie verbrachten dort die Wintermonate schlecht und recht. Sie mühten sich, möglichst wenig Geld auszugeben.

Im Frühling hielt Pfenninger die Untätigkeit nicht mehr aus; er traf seine Gattin bei Verwandten in Stein, dann fuhr er mit Nehracher rheinabwärts bis Schaffhausen und von dort nach Eglisau und Laufenburg. Wiederum zu Fuss gelangten sie nach Basel, liessen die Pässe vom französischen

Gesandten visieren und kamen ins Land der Freiheit, nach Mülhausen, Colmar und Strassburg.

Auf der Plattform des Münsters, wo Pfenninger noch seinen Studentennamen eingeritzt fand, berieten sie ernstlich über ihre Zukunft. Das Geld ging erschreckend zur Neige, obschon sie nur zweimal im Tag assen und oft bei Bekannten logierten. Pfenninger wollte sich um eine Stelle als Militärarzt bewerben, und Nehracher ging in die Manufakturen von Paul Hannong, dessen Fayence-Geschirr in ganz Europa berühmt gewesen war. Er traf einen verbitterten alten Mann; um das Geschirr von Vincennes zu schützen, hatte ihm die neue Regierung alle Privilegien entzogen, er durfte weder verkaufen noch arbeiten. In den Magazinen stand verstaubte und zerbrochene Ware, die berühmten gemalten Tulpenbouquets und die Strassburger Rose sollten vom Markt verschwinden. «Das ist das Land der Freiheit», sagte Hannong, Nehracher trübe anblickend, «unter Freiheit versteht die Revolution einen Wechsel der Privilegien, voilà tout.»

Bedrückt traf Nehracher am Abend mit Pfenninger zusammen, dem auch kein besserer Bescheid geworden war. In den Lazaretten wütete das Faulfieber, viele Ärzte waren daran gestorben, die Kranken lagen in unsäglichem Schmutz und Gestank.

«Vielleicht denkst du, ich könnte hier Reformen schaffen, mich aufopfern und dabei einen oder zwei Unglückliche retten. Aber dazu bin ich nicht da. Ich muss mein eigenes Land stärken, ich muss überleben, um die neue Zeit zu zügeln. Ich kann nicht, Heinrich.»

Zum erstenmal sah Nehracher den Freund mutlos. Er tröstete ihn: «In dir ist nur ein einziger Gedanke, ganz zuvorderst, der ist schon seit Wochen gewachsen, und dem musst du folgen, ohne Rücksicht auf mich. Tu, was du musst. Ich bleibe für ein Weilchen hier und lerne Französisch, dann kann ich vielleicht irgendwo Schulmeister werden. Aber du – was willst du tun?»

Pfenninger senkte den Kopf und sagte nach einer Weile: «Ich will nach Stäfen zurück, und wenn sie mich aufhängen. Ich muss nach Stäfen zurück, ich muss die Freunde sehen und schauen, wie die Angelegenheiten stehen, die Kinder, mein Haus. Ich will mein Weib umarmen, dass sie alle Sorge und alle Trennung vergisst, dass sie hinschmilzt unter mir, als sei ich ein Sturm oder der Tod. Zum Teufel mit der Politik, ich brauche Stäfen.»

So rüstete sich der Chirurgus, dem das Heimweh am Herzen riss, zur Reise, und Nehracher blieb allein. Er hauste bei einem alten Lehrer, dem er vielfache Botendienste tat und dafür Französisch-Stunden bekam. Sein Geld reichte noch ein Vierteljahr.

Im Sommer 1795 kam der Alte im Dröhnen der Mittagsglocken nach Hause und rief schon von weitem: «De bonnes nouvelles, de bonnes nouvelles, Henri!» In Markirch war die Stelle eines Schulmeisters frei geworden, und dank der Fürsprache seines Hauswirtes konnte Nehracher dort sein Auskommen suchen.

Er nahm bewegten Herzens Abschied von dem freundlichen Greis, vom Turmzimmer mit den ausgestopften Vögeln und den Kräuterbüscheln, bekam einen Tornister geschenkt und machte sich auf. Die Wanderung war schwer und widerwärtig ohne Pfenningers Vorsorge.

Eines Abends langte er in Markirch an, einem verwahrlosten Städtchen im Ober-Elsass, an einem Fluss, der Leber hiess und gallengrün durch die Gegend zog. Nehracher wohnte im Schulhaus, in einem Raum, der ausser Tisch und Bett und Schrank nichts enthielt als die neue Trikolore; es gehörte zu seinen Obliegenheiten, wie er bald erfuhr, die Flagge an Festtagen aus dem Fenster zu hängen.

Er war ein schlechter Schulmeister, aber die Kinder liebten ihn, legten ihm Äpfel und Nüsse auf den Tisch, und manchmal malte er ihnen schöne Landschaften und Sinnsprüche auf die Tafel. Nach diesem Tagewerk, vom Mittagessen bei den Küstersleuten unterbrochen, trat er auf die Strasse, ging dem grünen Fluss entlang und suchte über den Hügeln die Berge der Heimat. Einige Male begann er, mit einem Mädchen zu sprechen, das sich kichernd, die Brüste im roten Leibchen hochgeschnürt, des jungen Schulmeisters annehmen wollte. Aber es begann nichts. Das Leben stand bunt vor seinem Fenster, mit Baum und Blatt und Blume, Äpfeln im Geäst. Er konnte alles sehen vom Schulzimmer aus, er sah sich selbst, als schwebe er über den Dingen, ohne sie zu kosten, als neige er sich aus dem Jenseits ihnen zu.

Wusste er, wie lange er so harrte? Die Zeit schmolz dahin wie Abendwolken, ohne Ziel, im Gemurmel der Kinder, die auswendig lernten, im Kratzen ihrer Griffel, im Reifen und Fallen der Früchte. Das Schwingen der Trikolore zog ihn wie ein Segel vorwärts. Seit seinen Aufzeichnungen aus dem Kerker, jenem Schrei nach Freiheit und Gerechtigkeit, hatte er nichts mehr geschrieben. Aber die Tage kamen und zerflossen und legten ihm Vogelzirpen und goldenes Frühlicht als Erinnerung ans Herz.

Manchmal stieg Sehnsucht in ihm auf: nach einer Wanderung im Regen, gestreift vom Duft des späten Holunders, die Gärten triefend am Wegrand; Wasser lief über sein Gesicht und in seine Hände wie die Zunge eines kühlen Tieres. Konnte er die silberblauen Herbsttage über dem Zürichsee vergessen, den Himmel, verschnörkelt vom Rauch der Kartoffelfeuer, den Geruch von Bitternis im feuchten Wald? Die Gewitter der fremden Stadt waren dumpf und lustlos. Er dachte an heimatliche Ufer: Blitzhelligkeit durch geschlossene Läden, Geruch nach zerfetzten Blättern und trunkener Erde! Die Wellen brüllen wie Hirsche, der Donner gleicht einem Bergsturz. Hier in der Fremde umgab ihn singende Kälte. Nicht nur fern der

Heimat, sondern weitab jeder Welt empfand er sich, auf steiniger Höhe allein.

Und doch fühlte er: dies Leben, von aussen ein jämmerlich tatenloses Warten auf fremdem Boden, hatte einen geheimen Sinn und sollte tiefere Bezirke seines Wesens treffen als je zuvor. Gott näherte sich ihm auf die allerzarteste Weise, und dieses Werk sollte kein anderer Gedanke verscheuchen. Auch nicht ein Brief von Nanette, der ihn erreichte. Er zwang sich, ihn ungelesen zu zerreissen, und begann dann unter Tränen die Schnipsel zusammenzufügen, fand «Heimat», «Liebe», «Geduld».

Pfenninger kam zurück nach abenteuerlicher Reise, erzählte von ungarischen Husaren und einem falschen Pass, Verkleidung und Schiffbruch und langen Wanderungen mit schmerzendem Kniegelenk. Aber er war in Stäfen gewesen und lebte voll neuer Hoffnung. Das Volk sei entschlossen, weitere Forderungen zu stellen, die Zeit sei reif. Vor der Kirche hätten sie einen Freiheitsbaum aufgestellt.

«Wir müssen nur warten, mein Lieber, noch einmal warten, und werden goldene Früchte ernten.»

Nehracher lächelte. Was waren goldene Früchte?

Pfenninger sah des Freundes Augen im Fieber glänzen, seine trockenen Lippen, sagte aber nichts über die Krankheit. Er hatte sich in Beblenheim eine Praxis eingerichtet und wünschte, dass Nehracher so bald wie möglich zu ihm ziehe.

Im Herbst machte sich Heinrich auf den Weg. Sein Husten liess sich nicht länger verheimlichen, er schlief kaum mehr, der Unterricht wurde zur Qual. So ging er durch das übervolle Land, durch Weiler und Dörfchen, vorbei an tropfenden Fässern vor der Trotte. Die Stare sassen in den Birnbäumen, Peitschen knallten, allenthalben war Aufbruch.

Pfenninger öffnete ihm die Türe, half brüderlich, wo er als Arzt nicht mehr helfen konnte. Der Kranke blieb liegen, blickte in den Baumgarten hinaus, das Fieber stieg. Die ruhelosen Monate seit der Abreise glitten an ihm vorbei wie Rauch und Nebel, Gesichter starrten, Worte klangen auf wie Echo. Oft war ihm, er sei noch immer im Gefängnis, in Gottes Faust, bemüht, sich zu besinnen. Dann wurde auch das Zimmer zum knarrenden Kerker, sein Körper selbst ein Gefängnis, das mit Durst und Schmerz und Gier die Seele bedrängte.

In seinen Träumen stand er keuchend, blutend vor einer dünnen Wand, die mit der Faust zu durchstossen war; er wusste, hinter der Papierwand stand die Freiheit, und hiess vielleicht Gott, vielleicht Tod oder Wahnsinn, jedenfalls ein Ausser-sich-Sein, das er fürchtete. Die Faust sank ihm herab. Pfenninger stand an seinem Bett und trocknete ihm die Stirn.

Dann wieder rauschte es um ihn wie Flügel von Engeln, und manchmal konnte er sie sehen, gedrängt über seinem Lager, und die Nacht war wie der Blick von Seraphim, zarte Spuren liefen durch das Gras. Christus selbst hatte die Wand durchstossen und reichte ihm die Hand.

Der Herbst flammte golden von den Hängen und legte sich wie ein Mantel um ihn, dessen Kühle Linderung brachte. Plötzlich traf ihn Einsicht so klar, dass er mitten in der Nacht zu schreiben versuchte. Es gelang nicht. So rief er Pfenninger. Der Freund kam, ein Löffel klirrte, aber der Kranke wollte nichts trinken.

«Höre, Kaspar, das, was ich jetzt weiss, ist so wichtig, dass du es ganz behalten musst und danach leben. Es ist so einfach, dass wir daran vorbeilaufen, und nur wenn Gott Erbarmen hat, nimmt er uns in seine Faust, bis wir stille werden und verstehen. Verstehst du, die Welt ist ein Sinnspruch, nichts als ein Sinnspruch!»

Gespannt blickte er auf den Freund. Ging ihm diese Wahrheit ein? Pfenninger neigte sich über ihn, schüttelte das Kissen, aber er verstand nicht.

«Merkst du nicht, dass die ganze Natur und jedes Gefühl nur Symbol, nur Schein ist? So wie mein Körper, mein äusseres Leben, meine Seele trägt, so weist jedes Ding und jedes Gefühl auf Gott und die Vollkommenheit hin. Du begreifst nicht? Wenn ich eine Frau liebe und die Vereinigung mit ihr ersehne, ist das ein Pfad, mir die Vereinigung mit Gott darzustellen, und wenn ich ihr gelobe ‹für immer›, ist das ein Korn von den Feldern der Ewigkeit.

Du sagst Freiheit, und es ist deine Seele, die vom Abglanz des Paradieses beschienen wird. Du bist mein Freund, und diese Freundschaft lehrt uns die Wurzel jener Brüderlichkeit, die dereinst alle Menschen verbinden wird.»

«Ach, du begreifst nicht, du begreifst nicht!» stöhnte der Kranke und setzte von neuem an: «All dieser Überschwang, den wir im irdischen Leben so verzweifelt suchen, im Wein, in Lust des Geschlechts, im Kampf für die Freiheit, das ist nur Ersatz für die Ekstase unserer Seele, wenn sie Gott begegnet.»

«Denn weil die Schöpfung einst vollkommen war und heute wie durch ein Zerrglas zu sehen, so haben sich Fetzen von Herrlichkeit und Gottesahnung in unserem Erleben bewahrt. Jedes Ding hält einen Spiegel, dir das göttliche Lächeln zu weisen.»

Pfenninger wurde unruhig, er fürchtete einen Hustenanfall und bat den Freund, am Morgen weiterzureden, aber Nehracher hielt ihn fest:

«Gerade du musst es wissen, weil du einmal Macht haben wirst: der freie Mensch, der Mächtige, sie sind durch dickere Mauern von Gott getrennt als der Arme und Geknechtete und der Kranke, denn die Weisheit kommt nicht vom Lernen, sondern vom Beten allein. Das Vaterunser ist das einzige Memorial, das von der wirklichen Freiheit redet.»

«Das Memorial!» rief Pfenninger. «Es ist dein Werk. Du erfülltest einen Auftrag, für den dich die Vorsehung auserwählt hat. Glücklich bist du. Du wirst die neue Freiheit noch erleben, wirst einziehen in die Heimat, unvergesslich.»

«Freund», sagte Nehracher leise. «Die Freiheit, die du meinst – das sind erst Möglichkeiten: Offizier zu werden, Bürgermeister, zu studieren, zu handeln und zu reisen. Geld zu verdienen wie die Kaufherren in der Stadt. Ich sage dir: Wer diese Möglichkeiten hat, der hat noch lange nicht die wahre Freiheit. Frei ist erst der Mann, der auf diese Herrlichkeiten zu verzichten vermag. Wenn er die Bürden von Ruhm und Elend zu Gottes Füssen niederlegt und dafür Seinen Segen empfängt.»

Er war zu erschöpft, um fortzufahren, und Pfenninger sah, wie das Gesicht auf den zerknüllten Kissen sich veränderte: das Fleisch schmolz und gab die Konturen von Nase und Jochbein frei, die Nasenflügel, bläulich angelaufen, flatterten wie die Kiemen eines sterbenden Fisches. Das Leben flutete von ihm zurück zu neuen Ufern.

«Schlafe, Heinrich», sagte Pfenninger. Auch ihn streifte ein Engel der Ahnung. Er sah sich in die Heimat zurückkommen, freudig verjüngt, und alle Glocken schwangen über den Dächern der Stadt.

Epilog

Dem Roman über das Leben Heinrich Nehrachers ging Quellenstudium voraus; die historische Situation ist so getreu wie möglich nachgebildet, die agierenden Personen traten aus Gerichtsakten, Tagebüchern und Lebenserinnerungen hervor. Die Verfasserin erlaubte sich einzig, Vater und Sohn Billeter aus Horgen in eine einzige Person zu verschmelzen, um das Podium des Romans zu entlasten.

Was die Korrespondenz Nehrachers mit Lavater anbetrifft, so bin ich für die Überlassung der bisher unveröffentlichten Briefe Herrn Dr. Paul Guyer, Stadtarchivar von Zürich, zu dauerndem Dank verpflichtet. Die Briefe geben in Nehrachers idealistische Weltanschauung direktere Einblicke als seine publizierten Schriften, decken aber auch seine Unsicherheit deutlicher auf. Dass der Verfasser des Memorials, wie aus den Briefen hervorgeht, eine Städterin liebte, ist ein bisher unbekannter Seitenblick der Geschichte und macht des Hafners Beziehung zur Stadt komplizierter. Sämtliche Briefe abzudrucken, schien nicht ratsam; der Leser findet die bedeutsamsten Stellen kursiv gedruckt im Kapitel «Correspondenz», wie auch Zitate aus Nehrachers Schriften in anderen Kapiteln und am Ende des Nachwortes kursiv hervorgehoben sind.

Der Roman ist also zwischen den Zeilen der Geschichte zustande gekommen. Weil die wichtigsten Personen historisch exakt zu erfassen waren, wuchsen sie über die Historie hinaus. Dringlicher als der Memorialhandel wurde das persönliche Erlebnis der Freiheit.

Den Schulbüchern nach leben wir im ältesten freien Land Europas – wie beschränkt diese «Freiheit» für die Mehrzahl der Eidgenossen vor 200 Jahren aussah, erhellt gerade das Beispiel des Memorial- und Stäfner Handels. Es geht jedoch nicht darum, die Unfreiheit des 18. Jahrhunderts anzuprangern, sondern dem Leser vor Augen zu halten, dass die Freiheit, ihm heute so selbstverständlich wie das tägliche Brot, erst sechs Generationen alt ist. Wer denkt heute, wo die Schweiz extreme politische Richtungen erträgt, dass vor 200 Jahren die bescheiden abgefasste Forderung nach gleichem Recht für alle Bürger unbescholtene Männer ins Exil stiess und über anderen das Schwert des Scharfrichters schwang? Noch gibt es viele Länder ohne Freiheit. Und wir in der Schweiz? Mit Nehracher gesprochen, der die Bemühung des Lesers abschliesse:

Wir gebrauchen unsere freien Handlungen nach unserer Willkür; wir denken, reden, handeln, erfinden und spekuliren – und dieses setzt uns in den Stand, unser eigenes Glück zu verbessern, der menschlichen Gesellschaft nützlich zu werden und die allgemeine Glückseligkeit zu fördern. Sollte also die Freiheit unserer Handlungen, aus welcher wir so viele wesentliche Vortheile ziehen, nicht einen unschätzbaren Werth haben? Sollten wir nicht unaufhörlich Gott danken, der uns unter Umständen und in einem Lande werden hiess, wo wir solche ungehindert ausüben können?